U0072602

旅行拼圖

劉宗銘｜文・圖・攝影

你的.我的.他的旅行…
妳的.我的.她的小故事,
大家來分享從前.現在.未來的
一片片走過的見聞,是快樂的事。

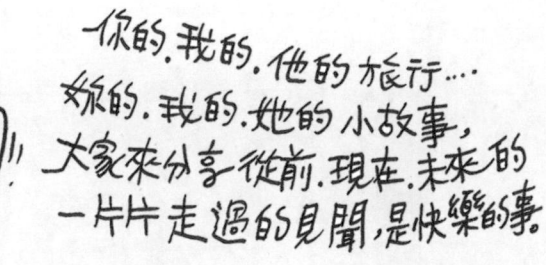

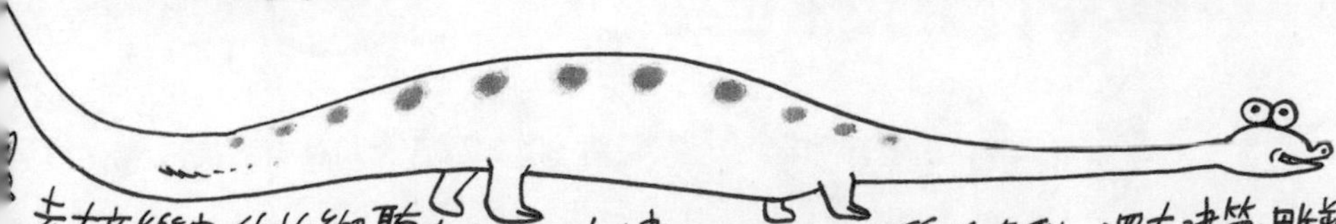

去大音樂家的故鄉聽音樂會,去大畫家的畫室看美麗的色彩,還有建築.雕塑.
看人類的古文明,還有奇妙的大自然、動植物,採集一片片難忘的拼圖。

集合大家的拼圖!

我們看到各種人,住在各種地方,做各種工作;
我們看到各種動.植物,在海中、陸地.天空生存;
欣賞我們共同的旅行拼圖,彼此更瞭解與尊重。
也許,只是一張小小的旅行拼圖,
就在自家庭院裏的小花.小草。

2017.

[自序]

大家的 旅行拼圖

　　旅行的距離可長可短，旅行的時間可多可少。有人旅行是為了生意而奔波，有人是探親、留學、觀光、考察或冒險、宗教參訪等。

　　我喜愛包括繪畫、音樂、舞蹈、戲劇、電影等藝術相關的學習。走訪世界各國美術館欣賞藝術創作的真跡，親往各音樂家的故居並聆賞音樂、戲劇，都有穿越時空，和大師們的心靈更為親近的感覺。

　　在美國的佛州、加州及東京的迪士尼世界、樂園，不是老少咸宜、共享歡樂與愛的時空嗎？

　　過去，人們只能靠步行或利用馬車、駱駝、蒸汽火車、熱氣球、輪船等交通工具漂洋過海，如此往返各地旅行是件危險又辛苦的事。現今，大家能夠搭飛機自由往返各個國家，欣賞美麗又奧妙的地球，實在是值得慶幸與幸福的年代。

　　自 1980 年首航義大利旅行至今，走訪不少國家。感謝幼獅文化的企畫，目前先就歐亞的 16 國加上格陵蘭，集結了我的速寫、照片與遊記成書出版。相信大小讀者們也有許多國內外旅行的精采故事，就讓我們共同來分享「旅行拼圖」，讓世界更加友善與美好吧！

〔自序〕
大家的旅行拼圖／劉宗銘　04

亞洲

歐洲

〔跋〕

日本四季都很美

世界各國的人們都喜歡到日本旅遊，享受一年四季不同的風情。日本各種交通工具的準時、整潔、秩序，各個傳統與現代融合的美感，日式料理的美味，及有禮親切的服務態度等，都讓遊客感受安全和自在，是個值得學習和休閒的國家。

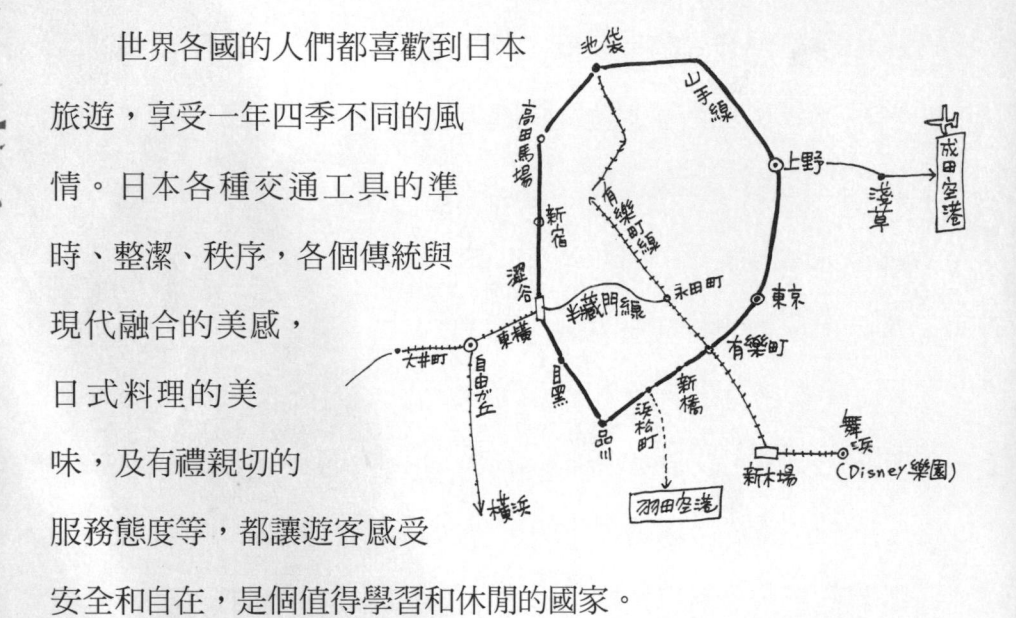

東京都記行

在世界各地旅行，地圖是重要的資訊，在東京都則必須備妥地鐵路網圖或利用手機查詢轉換的不同路線；雖然路線多樣而複雜，如果事先做好規劃、製作簡圖，總能順利抵達目的地。

澀谷車站附近有東京都兒童會館、兒童之城，是個適合兒童遊戲、休閒與學習的地方，內部有劇場、游泳池、電腦室、音樂室和圖書室等。

▲巨型大燈籠

　　淺草觀音寺為東京最古老的觀音廟，最初是為了安置從隅田川打撈上來的觀音佛像，於西元 628 年建造觀音堂，正門前懸掛著 4 公尺高、重達 100 公斤巨大紅燈籠「雷門」，祈求天下太平和五穀豐收。右邊是風神，左邊是雷神。

　　位居港區，距目黑車站 10 分鐘路程，有個占地 20 萬平方公尺的「國立科學博物館附屬自然教育園」。這裡保全了曾經是皇家周邊的原始林地，現在成為民眾散步、遊覽與學習的地方。內有樹木園、路樹教材園、武藏野植物教材園、水生植物教材園。每回出入園中的容納量維持在三百名之間，是認識自然生態及一年四季都能造訪的好地方。

　　上野公園經常是熱鬧的，尤其是在櫻花盛開的季節；在山手線的上野車站附近出入，可參訪國立博物館、科學博物館、東京文化會館、東京都美術館、東京藝大美術、音樂學部及上野動物園、西洋美術館……等地方，充滿文化藝術風情、是漫

步流覽的最佳景點。

日本知名繪本畫家岩崎知弘過世後，1977 年在她的東京故居，創立了世界第一座繪本美術館；除了個人作品展，也致力收集各國優秀繪本畫家的作品，推展兒童文學和藝術教育工作。

▲私宅轉化成繪本美術館

舞浜車站附近的東京迪土尼樂園，從漫畫、動畫、電影和遊樂園，無論是大人和小孩，都能重獲童心和夢想，如同華德・迪土尼帶給世人的歡笑。

「船的科學館」位於東京港灣 13 號地公園，停泊兩艘大型飛行艇及早年日本前往南極的觀測船「宗谷號」。

宗谷號於昭和 13 年（1938）建造，擔負過北方航路的貨物船、舊海軍的特務艦、燈塔補給船、巡視船；自 1956 年開始，前後六年在惡劣的南極，進行觀測駐點的任務。日人曾以這段歷史拍製成令人動容，深具啟發性的戲劇，於 1978 年除役，隔年 5 月正式做公開展示。

　　曾在 1984 年赴日本參加繪本研修課程，更利用假日去參觀美術館、博物館，和民藝館增廣見聞，收穫許多。入門票券也都存留下來，至今都成為美好的紀念品。

　　在銀座欣賞夏卡爾的畫展，東京都美術館欣賞塞尚、高更、馬諦斯、畢卡索等展覽，自然教育園、東京國立近代美術館的畢卡索展、國立西洋美術館、日本

▲ 1936 年（昭和 11 年）設置的民藝館

民藝館、船的科學館、新宿的伊勢丹美術館福田繁雄視覺藝術展、東京都庭園美術館的埃及尼羅河古文明展、上野動物園開園 100 周年（1982）。其他，如橫浜的兒童科學館、神奈川縣立博物館或山下公園參觀冰川丸等門票，也都具設計、攝影、繪畫的美感。

　　貨客兩用的冰川丸於 1930 年始航橫浜與美國西岸西雅圖，於 1961 年引退後置於神奈川縣橫浜港內，提供遊客參觀，成為歷史的記憶。

▲横浜櫻木町駅前運河速寫

橫浜往南，經大船站就到鎌倉，可以參觀國寶館，欣賞古董和寺廟；鎌倉大佛是遊客必來參拜的勝地，面對相模灣，海面遼闊景色宜人。

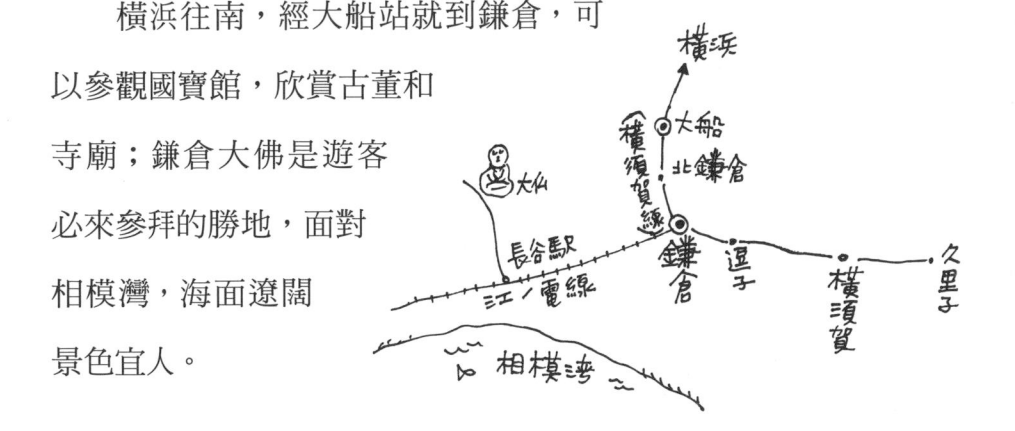

▲相模灣速寫

▲箱根簡圖

（地圖標示）東京、東京灣、橫浜、神奈川縣、大船、橫須賀、鎌倉、相模灣、二宮、御殿場、小田原、箱根、熱海

　　由大船站往小田原方向，至著名的溫泉勝地「箱根」，周邊的「蘆之湖」非常寬闊，有現代造型的遊艇及海盜船型的渡輪，供旅客搭乘到不同的景點。

　　蘆之湖以倒映著富士山和箱根神社而著名，是休眠的火山湖，平均水溫 4℃以上，冬天不結冰。環湖長 17.5 公里，水深 43 公尺，屬於高山湖。

從桃源臺港搭空中纜車至大湧谷，沿著標高 1044 公尺的大湧谷煙霧瀰漫，能見度低，這是個古老的火山口，又有大地獄之稱的硫磺峽谷，是絕佳旅行休閒勝地。

▲蘆之湖簡圖

▲蘆之湖港邊速寫

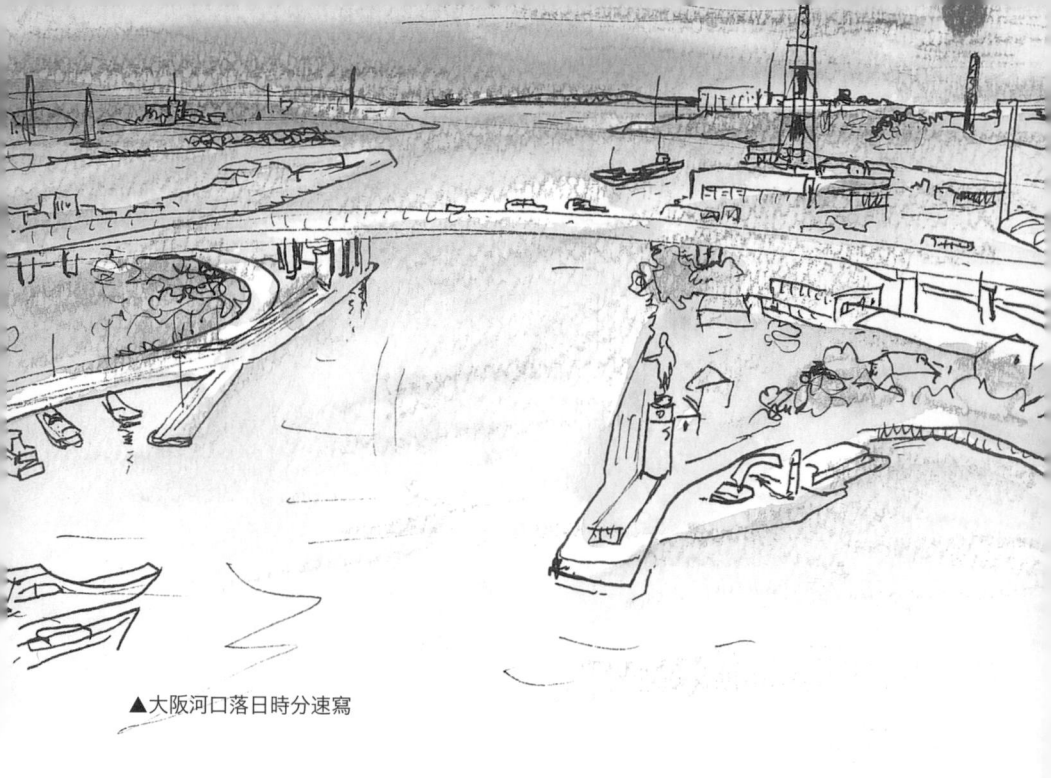
▲大阪河口落日時分速寫

京都、大阪、神戶的先進

　　關西海上機場是義大利建築設計師雷佐‧皮亞諾所規劃，為全世界耗資最貴的人工島嶼空港，於 1994 年 9 月啟用。

　　1998 年通車的明石海峽大橋全長 3911 公尺，位於神戶連接本州與四國淡路島的跨海大橋；因為吊索的部分在夜裡亮起燈來看似一條垂掛在海上珍珠項鍊，另有「珍珠大橋」的美稱。橋頭有「橋的科學館」與「舞子展望臺」。

　　神戶港塔是一座位於神戶市中央區的觀光塔，是當地的著名地標之一，是世界唯一一個管狀結構的觀光塔。塔身的最高三層均為 360 度的全景觀光樓層，可觀看瀨戶內海與大阪景觀。

▲大阪市區內的居酒屋餐館

　　大阪市區因為河渠交錯，有水上巴士提供遊覽，船身扁平，上半部是玻璃窗戶，可延伸船艙的視野。

　　大阪城公園為日本三大名城之首，是幕府戰國名將豐臣秀吉所建；天守閣是遊客必到之處，共有 8 層，展示大阪城的歷史文物和豐臣秀吉的一生資料。距地面 50 公尺高的 8 樓展望臺，可眺望大阪市秀麗的風景。

　　東大寺是奈良時代佛教全盛時期的代表作，建於西元 741 年，是全世界現存最大的木造建築。周遭的梅花鹿公園內，有很多很可愛的梅花鹿，是春日大社祭神之物，被視為神的化身，遊客紛紛爭相合照！

▲耗時 30 年才建造完成的東大寺

　　京都的金閣寺，又名鹿苑寺，1394 年建造，因建築鍍有金葉的緣故，是大將軍足利義滿安養的處所。這座兼具住宅與佛堂的別館，位於鏡湖池畔的三層樓閣；底層為「阿彌陀佛堂法水院」，中層為「究竟閣」，仿唐式建築，屋頂矗立金色的鳳凰。現今的金閣寺是 1955 年火災之後，仿照原樣重建而成。

　　1603 年德川家康為保衛京都的御所（皇宮），同時拜訪天皇時的住所，才有「二条城」的建築。1939 年交付給京都市政府，於 1994 年的元离宮二条城為世界文化遺產；城內的御殿建築、壁畫、庭園、書院等文物都裝飾的精美絕倫。

▲ 掛川花鳥園內的水生植物

京都的清水寺香火鼎盛，周邊茂密的櫻花林和三重塔造型優美，此處已列入聯合國教科文組織認定的世界遺產。

靜岡縣的「掛川花鳥園」，有各種花卉與貓頭鷹、大嘴鳥、孔雀和企鵝等動物，能和人們近距離的接觸，很適合親子同行參觀。「玉露之里」它在一個清靜的和室裡，可以一面品嘗靜岡茶，認識日本茶道文化，一面欣賞窗外風景，很有意思。

▲京都、大阪、神戶簡圖

仙臺、秋田、東北之美

　　日本東北又名陸奧的地方，由仙臺空港入境，驅車經「花卷」，來到秋田縣境，人稱「道區之小京都」的「角館」。因為這個小市鎮保存許多京都古時風格的建築古蹟，角館武家屋敷資料館等，各種武士宅邸群，裡面陳設古代武士使用的武器、生活用具、古文書及書畫文物等，讓遊客了解日本古時武士的生活型態。

▲生剝的鬼面具造型多樣

▲主人備酒菜款待生剝的情景

　　位於秋田縣西部，男鹿半島像一把斧頭伸向日本海。此處有座寒風山瞭望臺，可以欣賞日本海、八郎瀉等奇岩怪石，俯瞰兩個火口湖，觀賞落日夕陽，十分美麗。

　　男鹿地區有一項傳統民俗活動，稱為「生剝」（NAMAHAGE），是年輕人在冬天的夜裡扮成鬼的模樣，挨家挨

戶去拜訪，問候主人或子女是否乖巧等，並送上祝福。在「生剝館」可見陳列的各種鬼面具，並有現場表演，情境氣氛生動極了！

每年 12 月 31 日的深夜，在男鹿舉行的生剝儀式，被指定為國家重要的民俗文化財產，希望大家反省過去一年的言行，並展開迎接新年的活動。

秋田縣的田澤湖水深 423 公尺，是日本最深的湖泊。此地的「鶴之湯溫泉」有 300 多年歷史，熏黑的木造建築與茅草屋頂，古樸簡單，遊客每到此處必盡情享受療養的泡湯風情。

海拔 400 公尺的十和田湖，是火山口湖，水深 327 公尺，位於青森縣和秋田縣的邊界上，搭觀光遊船賞景非常享受！

岩手縣中尊寺於西元 850 首建，1105 年擴建；經歷多次戰火的波及，原有 40 多座院舍殿堂只剩本殿和經藏兩間。

▲往中尊寺步行中途所見的寺院

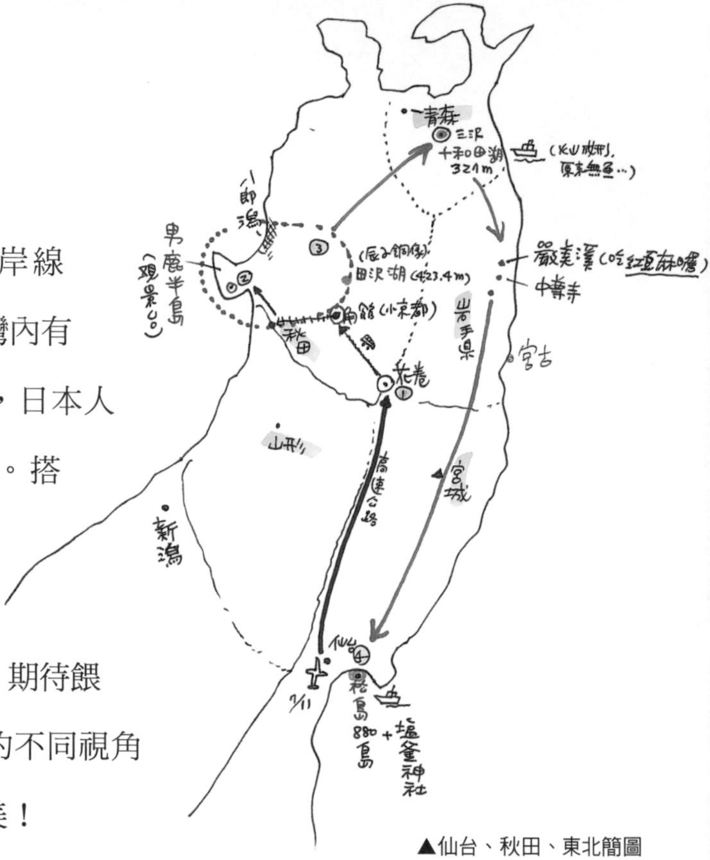

松島的海岸線
彎曲多變，海灣內有
許多大小島嶼，日本人
俗稱八百八島。搭
乘遊覽船時，
會有成群的
海鳥圍繞身邊，期待餵
食。速寫小島的不同視角
變化，景緻很美！

▲仙台、秋田、東北簡圖

▲北海道簡圖

北海道之行

北海道是鮭魚的
故鄉。千歲水族館能
夠觀看到千歲川裡的
鮭魚及淡水魚生態的
水族館。在特定的季
節，可從室內的厚玻璃

窗，觀看鮭魚們依序迴游的水道，穿梭其間畫面珍貴。

　　晚上夜宿定山溪溫泉旅館，定山溪是一處四面環山的溫泉療養地。定山溪的象徵物是「河童」，因此在溫泉街上，到處豎立著各種姿勢的河童塑像。還有一個河童水潭，每年 8 月上旬會舉行河童節，十分熱鬧。

　　搭纜車到天狗山鳥瞰小樽風景，令人有種莫名的感動！「天狗」是屬於山岳宗教系列的鬼，造型多樣而有趣，特別誇張的鼻子又長又大，模樣並不覺得恐怖、可怕。

▲從定山溪旅館窗外速寫　　　　　　▲描摹館內的天狗圖畫

▲小樽運河可見傳統的倉儲，運河旁有人力車載客漫遊和載送酒桶的馬車等，頗具地方特色。

　　登別地獄谷自古以來就是溫泉勝地，登別原為「濁白色之河」的意思。而地獄谷則是在一片紅褐色的地表中，處處噴發出硫黃的刺鼻味與水蒸汽，恍如置身地獄的景象。

　　登別的伊達時代村是一座再現江戶時代（1603 年～ 1867年）的街道風貌、可以體驗當時社會的主題公園。也可以觀賞忍者在祕室的搏鬥，非常精采！在登別海洋公園尼克斯，看海豚表演及企鵝的遊行很有趣。乘坐纜車參觀「熊牧場」，牧場內有棕熊專業博物館，可以了解棕熊全部的生態。

　　富良野的薰衣草在成片的原野上，形成紫色的大地，和富田農場的向日葵有著亮眼的對照。

　　札幌的啤酒廠，能喝到清涼新鮮的啤酒加起士、餅乾，感覺很舒服。札幌的大通公園是綿延的長條形，冬季時的雪雕出了名；漫步時，也可見具歷史建築的舊道廳。

▲札幌大通公園旁的舊道廳

印度宗教色彩濃

印度的瓦拉那西，是恆河上最大的都市。一般相信瓦拉那西在史前時代已有人居住，而且是世界上少有從史前時代到現代持續有人居住的城市，是印度教的一座聖城。

佛陀釋迦講道說法的「鹿野苑」，留下許多佛陀時代的遺蹟。是許多佛教徒或觀光客來到印度，都會來此地朝聖。

蒙古人進軍印度時，破壞了許多的建築物，現存的古建築廢墟和現代佛陀講經的塑像，讓許多佛教徒和遊客緬懷，2500年前，放棄王位尊榮的王子，心存「慈悲」與「因果報應」的信仰，用心追求生命價值的精神。

▲鹿野苑的古建築廢墟

　　印度人大多數信奉印度教，佛教徒只占百分之二。進入殿堂時，還是有虔誠的信徒來這兒朝拜與思念佛陀的教化，果真是「見其物如見其人」呀！

　　印度是一個古老又神祕的國家，有濃厚的宗教色彩，許多風俗、習慣都受到宗教的影響。

　　印度街道上，常見女人用一塊布叫「沙利」，從頭裹到腳，這是幾千年流傳下來的習俗。

▲穿著「沙利」的印度婦女，展現頭頂功夫

　　印度婦女還有一種風俗，不管年紀老小，會在額頭上點上紅點，表示心中有神、受神的祝福。這種紅點是用紅粉加上酸乳酪和米飯揉成，塗上一小點在額頭上；現在則改用亮片或紅色絨布來代替，有錢人甚至改用紅寶石黏貼上去。　印度人認為魔鬼怕酸、辣的東西，見到像是乾檸檬或是乾辣椒，它的眼睛就會難受得睜不開，沒辦法看到門裡的人，也就「無法找人的麻煩」。所以，常見人

▲遊客們搭乘小船在恆河上觀光

家大門上掛幾串乾檸檬或乾辣椒作為避邪。

　　印度人吃飯不用刀叉、筷子，直接用手把飯和咖哩的配料揉成一團，塞進嘴裡。他們說：「吃飯是一種享受，連手指頭也要嘗嘗食物的滋味呢！」但只有右手才有資格享受食物，左手被認為是不乾淨的手；不但不能用左手吃飯，也不能用左手和別人握手。若不小心用左手摸了印度小孩的頭，就麻煩大了，會被認為不吉利。

　　印度人的心目中，恆河的水是聖水，可以洗淨身上的罪惡，還可以沖走病痛、治療疾病。所以，住在恆河附近的人，天天都到恆河來洗澡、刷牙、祈禱……住得遠一點的人，就一星期、

一年來一次；無論距離多遠，一輩子至少要到恆河來淨身一次。若遇到特別的節日，搶著來恆河泡水的人，更是擁入百萬人潮。去世的人也要泡過恆河的水，才能焚化；燒過的骨灰，要灑到恆河裡，表示這個人被神接走，上了天國。

　　印度人一點也不在乎恆河的水加上了什麼料，總要千里迢迢來撈一瓢恆河的水喝，真讓人不由得感嘆：宗教的力量真是強大啊！

　　我們臺灣菜市場的景觀是賣魚、肉、菜、水果。印度和尼泊爾這兩個國家的菜市場，很少看見賣魚、肉的攤子，這可能和印度教徒都是以素食為主的宗教信仰有關。

　　街邊旁的攤子上有各種不同形狀的蔬果，有的放在地上，有的擺在車架上；市場裡用的秤是比較古老的設計，一邊放著秤錘，另一邊放食物。如果平衡了，就看秤錘的重量是多少。這和我們習慣用電子秤，相當不同！他們大多用報紙包裝，不用塑膠袋。

▲用手提秤不知手臂痠不痠

　　印度人的婚禮，通常採用宗教儀式，結束後宴請親友大都是晚上 10 點。新娘穿鑲金線的絲綢，手上、頸間也戴不少的金飾，常見「鼻環」延伸到耳際，一般印度婦女也常見這些裝飾與妝扮。

　　路上也常會看見工人用傳統的織布機，製作布料或地氈，和一般紡織工廠的快速自動作業方式相差很多。

　　走進賣衣物的店家，隨性為店老闆速寫一張頭像，他高興之餘，也回贈一條沙麗絲巾送給我太太，真是有趣！

　　印度很多地方都很落後，街上常常可以看到各式各樣的交通工具，其中有許多是動物在拉的車。馬路上沒畫分線道，當然也沒有斑馬線。

　　司機會告訴你：「在印度開車，第一，喇叭要好；第二，技術要好；第三，運氣要好。」馬路上，擠滿了各式各樣的汽車、三輪車、牛車、馬車、腳踏車、大象、駱駝……空氣中充滿各種聲音，真是奇特！

　　印度的牛被視為神聖的動物。經常看見牛隻目中無人，在大街小巷漫步行走，不會有人按喇叭或是趕走牠們；若是不小

心開車撞死牛，賠的錢還比撞死人賠得多。 印度人不但不會亂碰牛隻，還會餵食東西累積功德，有人甚至會向牛膜拜行禮；牛死後，主人會幫牠舉行水葬，把屍體投入恆河裡，讓牠升天。

猴子也常被印度人當成神來供奉敬拜，有些廟裡供奉的就是猴子的神像。但有些猴子，也被當成雜耍收小費的工具，不見得完全是當神來看待！

大象在印度具有神的地位，也是好幫手。能幫忙運送笨重的貨物外，也是接送客人或自用的交通工具。印度的山區生產很多的柚木，大象是最佳的助手，象鼻子輕鬆就捲起超過千磅的大木頭。在觀光區，更是載運遊客或表演特技的重要工具。駱駝能拉車、載貨、耕田，也是印度人的交通工具。

蛇也是印度人心目中神聖的動物，尤其是眼鏡蛇，牠被當成雨神。觀光區，會有大蟒蛇供遊客拍照賺錢，或是吹笛子的弄蛇人表演。放在瓦罐或簍子裡的蛇，會隨著音樂左右搖擺，好像是在跳舞。其實是蛇看到笛子左右上下的搖晃，以為是敵人攻擊的防衛動態，也跟著搖搖擺擺。

阿格拉有一座美輪美奐的建築——泰姬瑪哈陵。300 多年

▲卡鳩拉合的建築與雕刻名聞世界，男女造型圓潤豐滿

前，蒙兀兒王朝第五代薩加罕國王
的皇后慕泰慈・瑪哈，生下第 14
個孩子後，不幸難產而死；為了紀
念她，下令建造這座陵寢。

▲卡鳩拉合性廟壁上的浮雕非常精緻細膩

　　這座陵寢的建造當年用了 2
萬名工匠，費時約 22 年（1632 ～ 1653），花費無數國庫才全
部完工。

　　泰姬瑪哈陵的四周有圓柱形高塔各一座，遠望高聳峻麗；陵前築有水池，近看倒影的景色更是迷人。

　　這座建築高 250 英尺，全部由白色大理石築造而成，大理石上還挖著各種圖紋的大小洞，以便鑲進美麗的寶石在其中。走進塔內，可見牆壁雕刻精緻，工程浩大非凡。

　　原本薩加罕國王打算在泰姬瑪哈陵的對岸，用黑色大理石為自己建一座陵寢，好讓自己與愛妻永遠相依伴……可惜國庫已經山窮水盡，力不從心。

▲泰姬瑪哈陵潔白的造型，在倒影中尤其美麗

▲泰姬瑪哈陵的正門，門上刻著古蘭經

▲紅堡的入門口

　　薩加罕國王晚年經過一連串的內亂和王位之爭，他的兒子奧朗澤布登上王位，卻把他幽禁在亞格拉堡，這座紅堡能遙望泰姬瑪哈陵。直到薩加罕過世以後，才把遺體置放石棺，與皇后併列在泰姬瑪哈陵裡。

　　無論是建築或雕刻，古印度文明的藝術與文化具有相當的特色；在皇宮、美術館、廟宇或豪宅，都能看到精美的雕刻作品。材料有石塊、大理石、木材、寶石及銅鎳等；內容有人體、花卉、鳥獸、神明等；手工藝品則有面具、小刀、煙斗、手鐲、項鍊等，手工技術都令人驚嘆！偶見將刀劍、槍枝做飾品，也相當有趣。

▲印度早期所建的皇家天文台

▲神廟壁面的半浮雕，有人物與駱駝

　　從印度的窗戶，可以看出這個文明古國的藝術境界。每座建築中都有不同花紋設計的窗花；建材有木頭、石磚、大理石等，和我們常見的鐵窗、鋁門窗、玻璃窗，展現完全不同的感覺。

　　印度建築中的「門」也很講究，除了造形獨特，也雕刻漂亮的圖案；孔雀是印度的國鳥，常見門楣上鑲著羽色繽紛的孔

雀圖樣，遠望就像是孔雀棲息在門上，令人嘆為觀止。無論是古堡或遺跡，除了觀光客，也常遇見當地學生來造訪，對國家的歷史、文物有更深一層的認知與學習。

有粉紅色之城美譽的佳普，在印度早期所建的皇家天文臺，可見當時的科技知識。佳普有一座建造於山上的琥珀堡，乘騎大象登上山頂入堡參訪，是非常有趣的旅程。

在印度首都德里，除了市區觀光，也前往印度國父甘地的靈寢致敬；他帶領被英國殖民的印度百姓，以不合作主義、不流血的革命，終於獨立建國，為世人所景仰。

▲印度國父甘地的靈寢遊客如織

▲象頭人身的立體雕刻

尼泊爾神比人多

尼泊爾是個既古老，又神祕的國家。說它古老，是因為它的起源很早，在西元前 1000 多年，就已經有了燦爛的文化；說它神祕，是因為它有百分之九十的面積，都被世界最高大的山脈──喜馬拉雅山給籠罩著，交通不方便，形成了對外的隔絕。

遊客抵達尼泊爾首都──加德滿都，都會興奮得瞪大眼睛，滿心驚奇。因為這裡的大街、小巷，每件事、每個人、每座建築物，甚至每一隻動物，看起來都特別新鮮有趣，好像走進了一個超大型戶外博物館。

尼泊爾介於中國大陸和印度中間，東西長 800 公里，南北寬 200 公里，面積大約是臺灣的四倍。尼泊爾的歷史，幾乎都是神話和傳說堆砌而成。首都加德滿都傳說是由一座廟發展而成；在西元 12 世紀時，由一棵砍下來的大樹建築而成。所以，「加德滿都」，就是「一棵樹的廟宇」。

走在街道，幾乎處處可見商店及攤位販賣各種民俗藝品。這些物件有的用本地材料做成，有的來自西藏和印度，手工精巧細緻；耳環、手鐲、彎刀、鼻煙壺、珠寶盒、各式鈴鐺、法

器……琳瑯滿目！尤其眾多怪異的面具極富造形和表情，非常獨特。

尼泊爾是一個宗教氣氛非常濃厚的國家，西元前 566 年，佛祖釋迦牟尼誕生在尼泊爾南方的倫比尼，現在已經成了佛教徒朝聖的地方。

另外，在西元 406 年（東晉義熙二年），中國的法顯和尚曾經到尼泊爾；645 年（唐朝貞觀十九年），玄奘法師去西方取經時，也落跡在尼泊爾。雖然早期佛教和尼泊爾的關係密切，但後來尼泊爾人大部分都改信印度教了。現在百分之九十的國人信印度教，百分之七信佛教，其他則為回教及地方教。

▲販售民俗藝品的商店

▲各種節慶穿戴的面具

▲法器、彎刀、珠寶盒等，都吸引著觀光客的目光

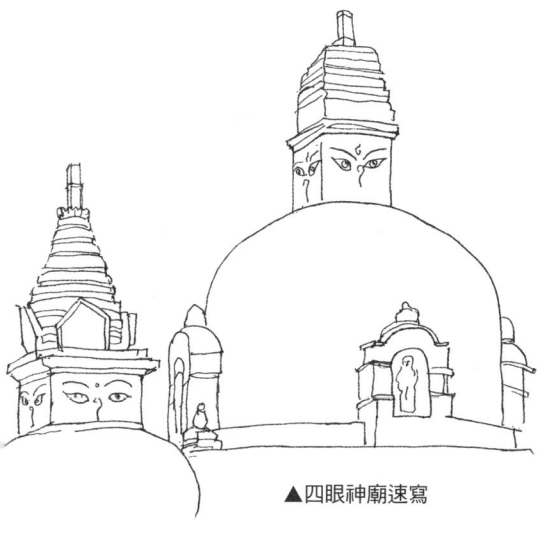

▲四眼神廟速寫

▲四眼神廟的四面牆，都有一對大眼睛和一個問號

　　這裡生活的人們都受宗教的影響，到處可見寺廟和神像，還有各種儀式和禁忌；每天清晨，人們捧著裝著供品的金屬盤，到各大小廟，向每一個神明膜拜、祈禱、獻上祭品，把宗教和生活完全融合為一體了。

　　尼泊爾曾經統計神明的總數，竟然有 2200 萬位上下，遠超過人口總數，這種現象在世界各國真是絕無僅有。

　　加德滿都不遠處的巴特崗，是一個佛教城市，這兒有一座比其他地方都要大又壯觀的「四眼神廟」。佛塔的四面牆上，

各有一對大眼睛，用藍、白、紅三色漆成，中間鼻子部位，還有一個大問號。眼睛，象徵著「佛」關心人間的疾苦，並且看著人們，是在做善事還是做惡事？問號，是代表著：「我是誰？」「我來世界上做什麼？」，也就是鼓勵人們多用心思考的意思。

　　佛塔的四周有不少的祈禱輪，人們一邊走過，一邊用手去撥動那些轉輪，就表示念過這些經文了，實在很特別！

　　尼泊爾廟多、神多，各種祭典也很多；其中，最盛大的是神明「拉多‧馬潛德拉」的節慶。這一天，神像坐在花車上，

▲四眼神廟下有整排的旋轉輪，只要用手摸過去，表示轉輪正在幫你念經文

隊伍經過市區到郊外的村莊；晚上，村民手舉火把念著經文，進行熱鬧祭典的儀式。

祭典多，前後幾天都會有市集，增加攤販做生意的好機會。兩條魚、幾塊布、一把胡琴、些許水果、手工藝品……都能擺設賣錢。

尼泊爾人也供奉著一位活著的少女女神，來代表永遠的生命之神——古瑪琍。僧侶們先挑選出幾個美麗、賢德、勇敢，不滿三歲的小女孩，晚上把她們安置在柵檻裡，外面是一群狂吠的惡狗。如果不怕這些狗群的咆哮，不畏懼、不哭泣的女孩，便被挑選其中一位成為活女神。這位小女孩和家人，會被安排住進首都加德滿都的一間寺廟裡，在此接受教育，受國王和人民的敬重；每年初春，她會在廟中獻禱祈福，並接受全國人民的膜拜。不過當她長大成人後，就會失去做女神的資格，必須重返以前的家庭；僧侶們會再度去尋覓另一位新的女神了。

▲尼泊爾的活女神

▲波卡拉的清晨，一片寧靜

▲琳瑯滿目的飾品具地方特色

　　一般來講，尼泊爾人的生活都很貧窮，許多人都沒有錢讓子女進學校念書；所以當地的人文盲也很多，能夠去上學的人，都算是天之驕子。當地婦女大都在河邊洗衣服，直接晾在河岸上。雖然百姓有耕作稻米、豆類和各種蔬菜，需刻苦生活。當地的兒童也沒什麼玩具可玩，一個大鐵圈，也能在石子路上奔馳滾動，玩得很開心呢。

　　我們常用「香格里拉」來形容一個地方的風景美麗，像個世外桃源，由加德滿都搭機向西飛行 300 多公里的湖城「波卡拉」──就是香格里拉。

▲簡易的滾鐵環遊戲

　　波卡拉機場，是個硬土和沙粒的跑道，顯得原始質樸。環繞機場遠方的是安娜普娜山系，最尖的魚尾峰山頂周遭全部覆蓋著皚皚的白雪，那是政府規定不能隨便攀登的聖山。

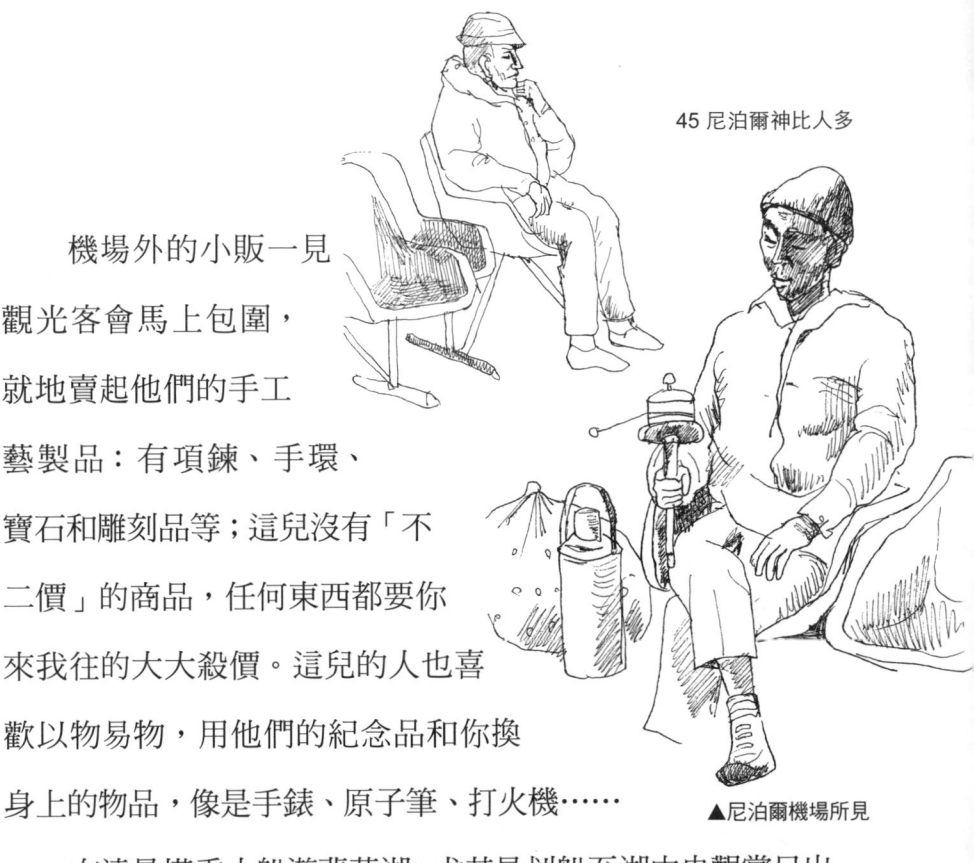

45 尼泊爾神比人多

機場外的小販一見
觀光客會馬上包圍，
就地賣起他們的手工
藝製品：有項鍊、手環、
寶石和雕刻品等；這兒沒有「不
二價」的商品，任何東西都要你
來我往的大大殺價。這兒的人也喜
歡以物易物，用他們的紀念品和你換
身上的物品，像是手錶、原子筆、打火機……

▲尼泊爾機場所見

在清晨搭乘小船遊翡華湖；尤其是划船至湖中央觀賞日出，
看到陽光升起，一片金黃色灑滿晨霧中的湖面，真是太美了！

翡華湖是尼泊爾最大的湖，附近的魚尾飯店很貴，但設備
相當不錯，是波卡拉最受觀光客喜愛的旅店。距離翡華湖不遠
的地方，有個西藏難民營，他們生活清苦、單純，多半靠編織
地毯和手提袋謀生。那些長年生活在高山上的綿羊有特別厚重
的毛，編織成的衣物特別溫暖。

越南遊雙龍奇景

河內市自古為越南李朝首都，名為昇龍城；市區內還保留約有 8000 棟的法式殖民建築。二次大戰之後，法越戰爭持續，至 1954 年停戰協定，以北緯十七度為界，分裂為南、北越，南越首都是西貢。

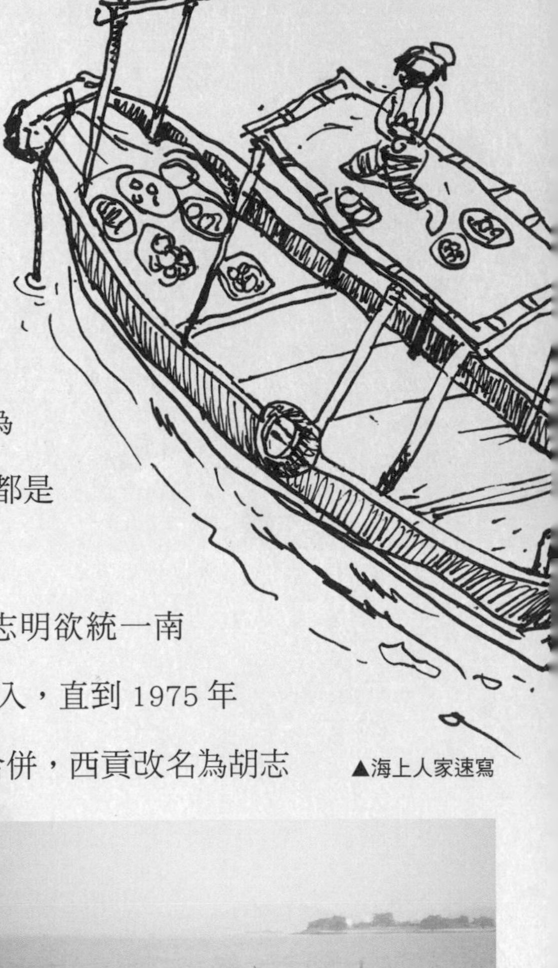

1959 年，北越領導人胡志明欲統一南北越，發動戰爭；美軍大舉介入，直到 1975 年才退出。1976 年南北越正式合併，西貢改名為胡志明市。 旅遊任何國家、地區，要明瞭該國的歷史與文化背景，深入體會他們的生活習俗，才能彼此尊重與欣賞。

▲海上人家速寫

▲兜售水果的小船

▲遊船停靠大島，參觀鐘乳石岩洞

　　北越的下龍灣面積有 1553 平方公里，羅列著 1969 個島嶼；
是由 2 億 5 千萬年歷史的石灰岩經侵蝕而形成。下龍灣又名海
上桂林，奇山怪嶼不少，有些島上形成天然石筍、石林、鐘乳
石的奇景，令人嘆為觀止。遊客就在船上沿途賞景，並且享用
海鮮午餐；沿途有兜售水果的小船靠近做買賣，也有海上人家
養殖魚鮮販售。遊船在群島間穿梭，構圖變化豐富，難怪下龍
灣被聯合國文化組織評為世界八大自然奇觀之一。

　　陸龍灣和下龍灣同樣是遭侵蝕的石灰岩地形，只差不在水

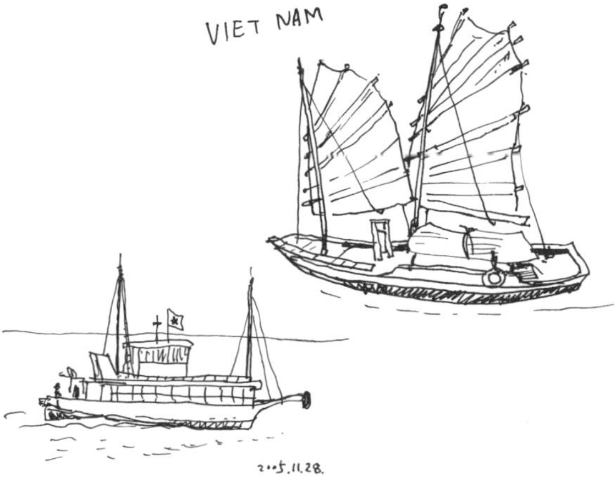

VIET NAM

2005.11.28.

面上。著名的「寧平碧洞古
廟」與山上寺廟均分為上、
中、下三層沿著山洞而建，
約十世紀時的建築。

　　搭乘小舟漫遊三谷湖，

▲古廟與山脈相連，感受鍾靈毓秀的氛圍

靈活的小舟主人用手用腳搖槳，乘客沿途享受輕搖碧舟，觀賞
兩岸奇景與寧靜風光；偶見岸上小屋或穿越石灰岩的石洞，恍
如置身世外桃源。

　　由河內過紅河，有座 800 年傳統的陶藝村，製作的「安南燒」陶瓷頗富盛名。在西湖、白竹湖和還劍湖旁，有千年歷史的 36 舊街區，迄今買賣活動不曾改變。舊街區欣賞當地的民俗舞蹈及越南國寶級的水上木偶戲表演，極富鄉土特色。 胡志明在 1945 年 9 月 2 日於河內的巴陵郡廣場宣布獨立，成為越南國慶日。死後，他的陵寢也設置在此地。

　　主席府大樓是政府會議和接見來賓的所在地，是一棟 1906 年的法式建築。 遊客也能前往參觀 1958 ～ 1969 年間，胡志明的故居。

▲主席府大樓

▼河流湖泊有各樣普羅興各式水上活動

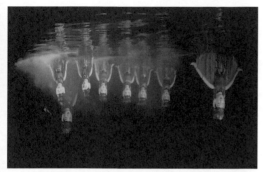

▼水上水傀儡的演出

▼娛樂性活動，就有小船埋環境生活

▼橋和河水三的全景

澳洲親近大自然

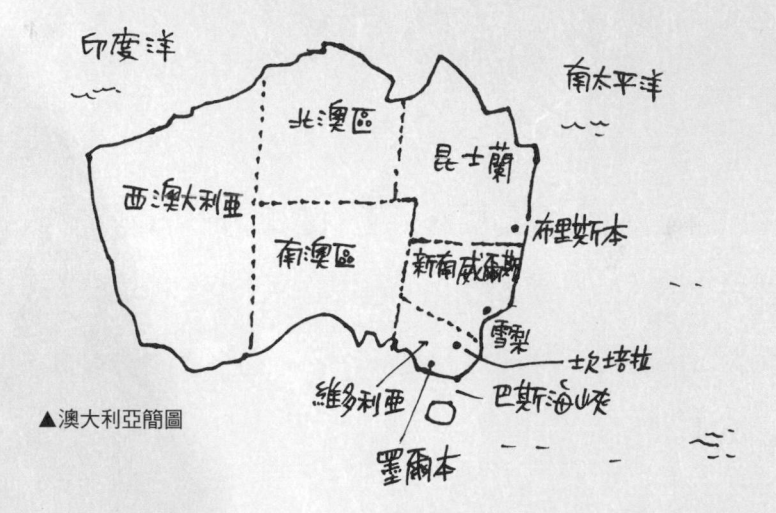

▲澳大利亞簡圖

澳洲是一塊大陸地，位於臺灣的東南方，土地面積是臺灣的 215 倍大，人口卻比臺灣少。

澳洲有許多珍奇動物像是袋鼠、無尾熊（樹熊）、鴨嘴獸、神仙企鵝、鸕鶿、笑驢、琴鳥、鸚鵡……都令人喜愛。

▲雪梨塔高度 305 公尺

澳洲的首都是 1911 年聯邦政府選定在坎培拉，而全國第一大的都市是雪梨。第二大都市是墨爾本。站在雪梨高塔，可以清楚鳥瞰雪梨港灣的船隻和建築。全長 750 公尺的港橋，是

連接雪梨南北兩岸的交通要道；從 1956 年開工，經過十餘年才完工的「蛤形建築物」就是著名的「雪梨歌劇院」，這裡經常舉行演奏會與表演的活動。1988 年的世界萬國博覽會，就在布里斯本舉行。

▲雪梨地標之一──港橋

▲遠眺雪梨歌劇院速寫

　　博覽會的參觀門票，設計小巧，圖案鮮明：有小丑的造形、戴帽子的儀隊、吉他和鋼琴等樂器，男女人物和明亮的太陽光芒等圖案；設計的內容非常豐富。會場大門口，有幾個會說怪腔怪調的機器人，沿途看板圖案畫的人物，有黃種、黑種及白種人，表示來自世界各國的人民，不分彼此，四海一家。

　　展場呈現「現代科技下的休閒活動」，無論是活動雕塑及裝置藝術，可見各類的運動器材，像是熱氣球、降落傘、划翔

▲ 1988 年世博會「四海一家」看板圖畫

翼、帆船……展場各館也有不同的紀念章。英國在 1787 年，
流放了第一批犯人到澳洲，白種人才在澳洲扎根；當年約 700
位犯人成為新國家的老祖先。這次的博覽會，就是為了慶祝建
國 200 周年。傳達「增進溝通，促進友誼」的目的。

　　追溯到 1642 年，荷蘭航海家塔斯曼首先發現澳洲，但此
地不產香料又非貿易對象而不感興趣。1768 年英軍上校庫克到
南太平洋探測並登陸植物灣，宣布此地屬於英國皇室。持續至

1841 年止，共有 8 萬名流犯移植到澳洲，加上其他移民官兵及自由人和原住民，構成今日的澳洲。

　　澳洲空曠的原野和自然的生態，還有當地的人文特色，令人印象深刻。像是雪梨街頭的觀光馬車和英屬時代裝扮的衛兵；乘坐遊艇在各港灣輕鬆的遊覽；到黃金海岸看海，到海洋世界看表演。

　　很多商店可見彎曲形狀的木棒，它的特色是擲出去還能飛回來，所以又叫「回飛棒」，或「迴力鏢」。這種長約 30 至 75 公分，重約 340 公克的木棒，最早出現於澳洲新南威爾斯州的圖魯瓦爾部落，土著們用來打獵，甚至戰爭時

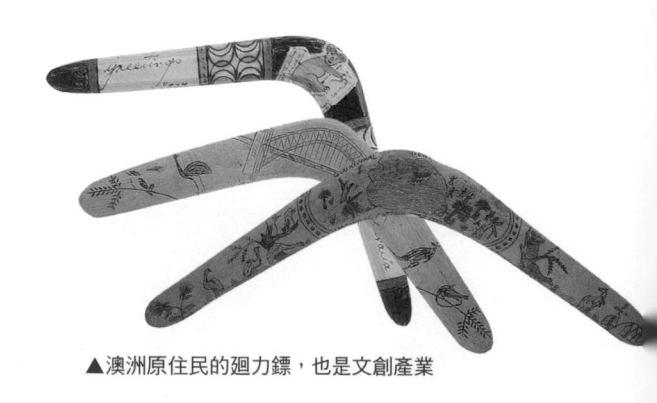

▲澳洲原住民的迴力鏢，也是文創產業

▲布里斯本郊外的象牙岩速寫

也使用。後來，這種飛鏢漸漸流傳到澳洲各地，獵人們用它來當模擬的飛鷹，把鳥趕進鳥網中。演變到後來，變成戶外的體育遊戲了。在美術館也能欣賞原住民具特色的木刻、編織、設計與繪畫作品。

其他，像自然鸚鵡園及動物保護區，都能零距離接觸無尾熊和袋鼠。有些私人牧場，提供遊客烤肉、騎馬和觀賞剪羊毛的表演，體驗畜牧業者的生活。雪梨郊外的藍山山區，可以搭乘世界最傾斜的纜車至谷底，再沿大峽谷區欣賞三姐妹岩。

▲阿瑪麓象牙岩營區

　　布里斯本的阿瑪麓（Amaroo）象牙岩營區是推展世界和平的基地。經常有來自世界各地的人和志工在此聚集，每次約6000人次左右。因為腹地寬廣，遠離市區，親近自然，在此露營、用餐都很方便。

　　這兒不比城市旅館方便，起居都在帳篷，但提供個人或雙人的行軍床；洗漱都利用公共空間。若是自備營具紮營，可至「流浪區」的草皮自行動手，可節約不少費用。自1993年起，

若有機會，我都會來到此地和國外友人聚會，享受晴空萬里和夜晚的滿天星斗。

　　瞧！除了野生的小袋鼠和掛在尤加利樹上的無尾熊之外，速寫的畫面，是否充滿了優閒、寧靜、和平、自在的氣息呢？

▲動保園區都能親近野生的無尾熊、袋鼠、鸚鵡

紐西蘭見牛馬羊

紐西蘭位居南半球，在澳洲的東南方；由南島和北島組成。是個著名的畜牧國家，到處可以看得到乳牛、馬匹和綿羊。

紐西蘭是一個獨特而美麗的國家。基督城是南島最大的都市，位於東海岸，面臨太平洋。早年法國航海家曾到此處，後來英格蘭教會寓布道於殖民，在此建立據點，1850 年建市。愛汶河蜿蜒穿過市區，河邊種植英國原產的榆樹、樺樹、櫸樹、楊柳等。

驅車穿越平疇千里的坎伯里大平原，到風景如畫的帖卡浦湖；抵達著名的渡假勝地——皇后城。沿途人煙稀少，只見草原無盡頭和數不盡的羊群和可愛小馬！

北島的羅吐魯阿，因地熱使得地表冒出濃濃的煙霧，是原住民毛利人的故鄉。毛利人見面時會互相碰鼻子，表示問候。

▲紐西蘭簡圖

▲紐西蘭南島的沿途景色，感覺寧靜自然

　　他們的雕刻品看起來都是睜眼吐舌，感覺很可怕；主要是過去在打仗前，都會跳「哈卡舞」，故意表現出可怕的怪模樣，用來嚇退敵人。

▲毛利人常見的雕刻品形貌

　　威吐摩有個螢火蟲鐘乳石洞，可搭乘小船遊石洞裡的地下湖，在陰暗的石洞內，觀賞千萬隻發亮的螢火蟲。

▲北島的羅吐魯阿，是原住民毛利人的故鄉

北島第一大城奧克蘭沿路上，可見盛產的毛皮製品和乳酪、鹿茸、鮑魚和奇異果等特產。紐西蘭國鳥——奇異鳥（Kiwi），是晚上才出來覓食的鳥類，在動物園也能看到這珍奇的動物。

▲紐西蘭的國鳥 kiwi

▲北島沿途所見水壩的速寫

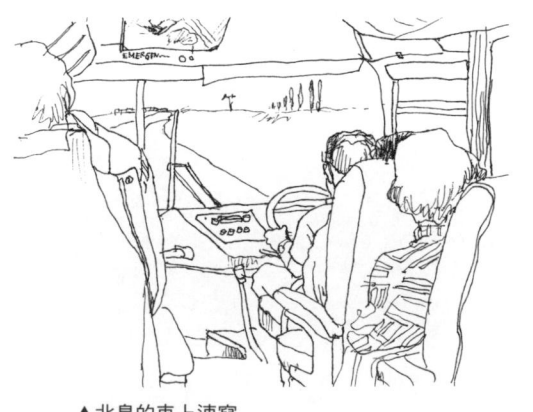

▲北島的車上速寫

奧克蘭有一座建築物，底下連接大海，是有名的「海底世界」，有厚度10公分的透明半圓形壓克力通道。腳底的電動扶梯帶遊客自動前進，能自由觀賞頭

頂周邊的各種海洋生物在游動。這是海洋生物學家凱利‧塔頓所創建的生態館。紐西蘭是個遺世獨立的國家，適合大家去見識那清靜自然景觀與四季的顏容，有白雪、河流、草原和動植物，也有各種像高空彈跳、熱汽球、小飛機的各項運動和遊戲。

▲低緯度的南半球自拍身影

▲造型獨特的旅館

義大利旅遊首航

在羅馬市區觀光，處處可見古羅馬時代殘留的石柱、浮雕、雕像和建築，所有的雕刻與繪畫大多數用來裝飾各種建築物。

古羅馬人除了用方形大石堆砌建築物，也是首先用方形石板修築數千公里長的道路，當地的神廟及水道橋也都保存近 2 千年。他們常在每個城市的廣場附近修建大會堂，作為法庭審判罪人或是大會議及交易商場；而公共浴室亦是羅馬大城市中最重要的建築之一，至今還留下不少的遺跡。

羅馬城在西元 80 年前後，建造一座容納 5 萬以上觀眾席位的圓形競技場（colossus），也稱羅馬競技場、羅馬鬥獸場，提供馬車比賽及奴隸與野獸博鬥的神鬼戰士的真實場景。

羅馬帝國依靠軍隊擴張國土，所以每當大將軍們凱旋歸國，都有盛大的遊行行列；為了迎接勝利返國的將軍、戰士，因此建有凱旋門及 40 公尺高的紀念柱，上有浮雕戰役的過程及勝戰的場面。

古羅馬人懂得在室內的牆壁塗上灰泥，以便在上面刻繪浮雕及壁畫，在義大利出產的大理石壁飾及雕像的質感都很美。教堂裡外及馬路兩旁的草地上、公園內都有塑像，橋上兩側也

都是大理石雕像或銅鑄女神像。

　　羅馬人的住宅大都是圍繞中間大庭院，因此各屋的門窗面向庭院，從各樓層開窗往外張望，就能享受庭園的噴泉與花草之美。

　　梵諦崗的聖彼得大教堂內外非常寬廣，雕像林立；教堂內有文藝復興時代巨匠米開朗基羅所作的聖母子白色大理石雕像；聖母垂視著躺臥在她胸前的耶穌，無論姿態、神情都非常動人。尤其教堂頂上有光線從天窗斜射進來，更增加了祥和孺慕的氣氛。

▲梵諦岡聖彼得大教堂前景

▲君士坦丁拱門

▲西班牙之階

在競技場旁有「君士坦丁拱門」的設計，而「西班牙之階」呈現美輪美奐的視野，「納弗那廣場」及許願池的石雕噴泉令人沉浸在浪漫的情境當中，讓遊客乘坐的馬車在石板路中漫遊，沿途觀賞這座放眼看去都是藝術氣息的羅馬城，真是處處景點都令人驚嘆！

▲遊客乘坐馬車欣賞觀光藝術氣息濃厚的羅馬城

到羅馬的餐廳吃東西，若想省錢就得站著吃或外帶，若要享受用餐的樂趣坐在餐桌椅上需多付一倍的價錢！

　　由羅馬向東南方向走是拿波里，而蘇連多是拿波里灣上最南端的一個城市。有一首歌〈歸來吧，蘇連多〉是義大利著名的名謠，地如其名，這個城市真的是美麗動人！

　　蘇連多是濱海城市，附近沿岸的海邊常呈現鋸齒狀；在斷崖上，蓋有許多時尚、吸引人的維多利亞式旅館，這些豪華高雅的建築依山傍水，景色怡人。 手風琴歌手，一邊彈奏著旋律優美的樂曲，一邊唱著義大利腔的民歌和小夜曲；遊客享受浪漫的服務，當然賞的小費就要更大方了。

▲龐貝遺跡

龐貝城位於義大利東南部，以前曾經是個繁榮忙碌的商業重鎮。西元 79 年，因為維蘇威火山突然的大噴發，濃灰、煙泥瞬息之間便把這座城市給吞沒了。

▲龐貝外圍庭園的婦女雕像，眾多乳房象徵豐饒富足

維蘇威火山（高度 1280 公尺）的硫磺和灰燼在掩埋古城近 2 千年後，在 18 世紀由考古學家挖掘發現；這些斷垣殘壁看起來雖不起眼，卻富藏學術價值，是重要的遺跡。最有價值的古蹟遺物，都被送到那不勒斯國家博物館去展覽；觀光客在龐貝古城，還能看到曾經有過的輝煌和壯觀景象。遺留在現址的粗大石柱及街道，在牆角的石板、磚塊，還有被濃泥掩埋的人體化石、烘製麵包的器具，貯藏室裡的酒瓶甕罐……都令人感受往事如煙，世事難料的嘆息！

捷克布拉格之春

聆聽某電臺主持人傳來一個訊息：「五月的布拉格最美。春天在這個城市留下民主的空氣，春天也跟著史梅塔納的音符，悄悄流過莫爾道河。春天，布拉格在等你。」布拉格是東歐捷克的首都，那時正脫離共產主義約 10 年，享受著自由與民主。

▲捷克在東歐的位置

史梅塔納出生於 1824 年，是捷克國民樂派的始祖，也被稱為「捷克音樂之父」。他積極推展民族主義，不僅在歌劇中表現他的愛國精神，在管弦樂方面，也不忘宣傳這方面的思想；他的代表作品，就是〈我的祖國〉。這是由六首管弦樂曲所構成的交響詩，是在他 1874 年耳朵全聾之後創作的作品，獲得極大的讚賞。

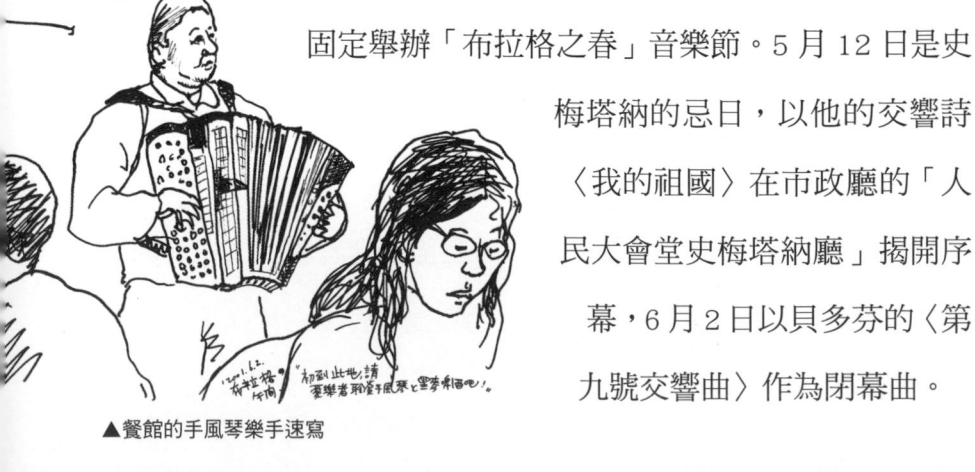

▲速寫查理士大橋，
　體驗瞬間的美感

▲餐館的手風琴樂手速寫

1946 年起，每年的 5 月 12 日～6 月 2 日間，固定舉辦「布拉格之春」音樂節。5 月 12 日是史梅塔納的忌日，以他的交響詩〈我的祖國〉在市政廳的「人民大會堂史梅塔納廳」揭開序幕，6 月 2 日以貝多芬的〈第九號交響曲〉作為閉幕曲。

▲卡夫卡曾經居住過的黃金巷遊客絡繹不絕

位於布拉格城堡區內的黃金巷，是 17 世紀金匠聚居的小街，是詩情畫意的街道，極受推崇的存在主義者，也是捷克著名的文學家卡夫卡曾居住此處。他出生於 1883 年，生前沒沒無名，後來出版的小說影響眾多的知識分子，間接影響並促進「布拉格之春」的民主運動。

捷克擁有豐富的文物史蹟和藝術創作，而布拉格的美麗，不僅僅在它的房舍、街道、橋梁，而是整個城市所散發出的恬靜優美氣息。

查理士大橋的結構厚實，橋頭及兩旁的巴洛克風格聖徒雕像充滿宗教虔誠的信念；莫爾道河悄悄的在橋下流過。在對岸的「史梅塔納博物館」參訪後，在門口柳樹成蔭的雕像下，也覺得優美的音符在寧靜的畫面中悠然飄揚。

▲查理士大橋上的雕塑群像與遊客

▲城堡區鳥瞰速寫一景

　　漫步布拉格的街頭，總會有令人眼睛為之一亮的發現：像是有美感十足的路燈，寫實宏偉的人物雕像，多彩多姿的屋宇壁面彩繪，頗具年代的古典建築物或美術館、博物館，街頭表演的音樂家，教堂內的玻璃彩繪；甚至官邸的衛兵交接儀式……都是遊客參訪的目標。

　　舊城區有聖尼古拉教堂及精密設計的古老天文鐘，年代雖久，報時依然精準，令人驚嘆！

▲鳥瞰城堡區，遠處的哥德式猶太教會堂，已有 700 年的歷史

▲布拉格街頭即景

左上：多彩多姿的牆面裝飾彩繪
右上：官邸辦公廳有衛兵交持儀式，也是遊客
　　　走訪的景點
左下：在街頭表演的藝人，遊客自由捐助鼓勵

捷克是被經典的藝術包圍，擁有豐富的文物史蹟和藝術創作。因經歷共產主義導致的窮困，有不少的偷盜行為，遊客失竊財物與護照事件時

▲布拉格街道曲折起伏，視覺變化豐富

有所聞；尤其中東戰亂帶來的難民，也成為治安的憂慮，觀光客需多方留心。

▲原來的宮殿已改為博物館、美術館

▲市內電車車道

▲舊城區一景

▲透光的玻璃彩繪明亮動人

▲古老的天文鐘

▲街頭矗立的紀念雕像

奧地利音樂之都

從捷克的布
拉格火車總站，搭
火車往奧地利的薩爾
斯堡，是一段難得
的經驗，因為火車
將行經兩國的邊界。

▲奧地利簡圖

在過邊界前，捷克的海關人員會先逐個車廂檢驗，抵達奧地利
邊界的車站後下車，又由數名奧地利海關人員核驗資料，然後
換上另一列車，繼續往西南到薩爾斯堡。前後兩國的火車與車
廂，捷克的火車顯得老舊，座椅普通；換上奧地利的火車，則
光鮮亮麗許多。

　　薩爾斯堡是音樂神童莫札特的誕生地，他年輕時期的創作，
大多在這裡完成；本世紀最偉大的指揮家卡拉揚也出身於此。

　　打開歐洲的地圖，奧地利就像一把小提琴，以優美的姿態
橫臥在歐洲大陸的中央，感覺真的與音樂有不解之緣。

　　由薩爾斯堡搭車東行，沿途的美麗田園風光，讓人眼睛飽
覽了大自然美景；到了音樂之都維也納，歌劇院、皇宮、博物

館、國會等一棟棟雄偉壯觀的建築，一一呈現在眼前的，又是另一番令人驚豔的景緻。

歐洲的建築樣式古典而具有裝飾性美感，大都使用堅固的石材，因此經過數個世紀之後仍舊保存良好；尤其配合建築的石雕、銅像處處林立著，散發出濃濃的藝術氣息。

漫步街頭，偶見東正教的教堂，細緻的教堂外貌，吸引人們的目光駐足，也體會到每個國家不同的宗教與文化特色，皆有它源遠流長的歷史背景和故事。

▲東正教教堂外觀

在具有浪漫氣氛的奧地利餐館用餐，總會有即興的手風琴或小提琴演出，客人們付些小費，大家在愉悅的時空中唱歌、跳舞，享受浪漫的風情，度過一段美妙的時光。

走訪莫札特創作歌劇《費加洛的婚禮》著名的小屋

（Mozart Gedenkstatte,
Figarohaus），就在聖
史蒂芬大教堂後面約五
分鐘路程的一條狹窄巷
弄內。由於莫札特在世
時，常常搬家，現在維

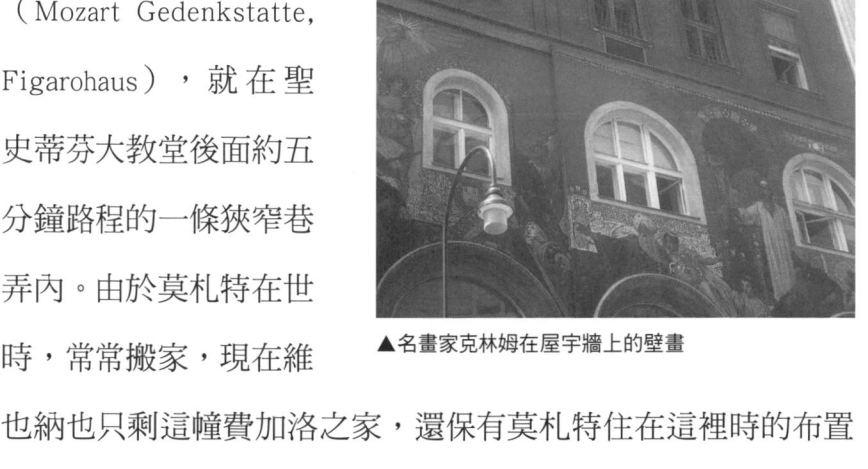

▲名畫家克林姆在屋宇牆上的壁畫

也納也只剩這幢費加洛之家，還保有莫札特住在這裡時的布置
和部分家具。

聖史帝芬教堂屹立迄今超
過 800 年，是維也納城的靈
魂，其穹頂下方祭壇下方，葬
著哈布斯堡王族的骨灰。

分離派藝術中心最著名
的陳列品，是克林姆設計
的「貝多芬橫飾帶」，
據說是詮釋貝多芬的
《第九號交響曲》。

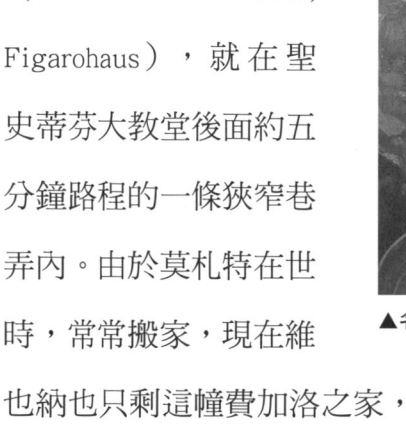

▲國會前的紀念銅像，比較接近平
民是追求自由的鬥士

　　參觀奧地利的酒窖時，主人蒐藏許多古典的男女帽飾衣物，訪客可以隨興裝扮拍照。霎時大夥突然都變身為王公貴族，氣質不凡！怪不得，有人說：佛要金裝，人要衣裝。

　　為了讓旅客能領受傳統聽覺與視覺的享受，許多音樂廳演奏時，樂師們穿戴著 18 世紀衣著及假髮演出莫札特《唐‧喬凡尼》、《魔笛》、《波卡舞曲》等曲目的仿古音樂會，伴有男、女高音的歌曲演唱及交響樂曲，是極佳的心靈饗宴。

▲無論是皇宮或民宅，在冰冷的冬季總需火爐取暖，堆積的木柴煤塵太多會影響空氣流動，就需工人打理。因此在馬路上時時見著身著黑衣，頭戴白帽的清潔工，呈現另一種生活風情。

▲維也納舒伯特故居（樓上）　　　　▲在維也納的音樂廳，尚未出場的演奏位置

　　金碧輝煌的維也納也具現代風潮，在種類多樣的咖啡香中，也飄逸著小約翰史特芬斯所創作的《藍色多瑙河》樂曲；是值得一再造訪的國家。

▲莫札特之夜演唱者神情的速寫

匈牙利見多瑙河

由奧地利維也納進入匈牙利首都布達佩斯。這座城市是匈牙利的政治、經濟及文化中心，也是歐洲著名的古老雙子城，有「多瑙河畔的明珠」與「東歐巴黎」的稱號，被聯合國教科文組織列為珍貴的世界遺產之一。

　　會被稱做雙子城，主要是鳥瞰多瑙河，河的一邊是「布達」，另外一邊是「佩斯」合稱為「布達佩斯」。

▲鳥瞰多瑙河，遠方橋後端是瑪格麗特島，右邊是佩斯，左方是布達

▲中世紀的餐廳現場，有波希米亞浪漫的音樂陪伴　　▲市區內有不少典雅的建築，值得欣賞

　　布達佩斯是一個感覺像 16 世紀的地方，用餐時走入地下室，牆上掛滿刀劍、弓矢、盾牌、頭盔，擺有王座及長木桌椅，燈光有點昏暗。在此用餐，彷如時光倒流，回到中古世紀，大口吃肉、豪邁喝酒、熱情洋溢的風情畫，還伴有波希米亞浪漫獨特的音樂聆賞。

　　常聽約翰・史特勞斯的《圓舞曲》，來到匈牙利，親眼見到藍天映照下的多瑙河，才恍然大悟：原來有首曲子取名為〈藍色多瑙河〉，是有道理的。

　　在布達佩斯的白天，參觀 1896 年為慶祝建國 1000 年而建的英雄廣場；廣場旁的美術館藏有林布蘭特、莫內、雷諾瓦及梵谷、馬奈的作品。聖史蒂芬教堂也是為慶祝建國千年時所建，是當地最大的教堂。

　　在布達佩斯到處可見具有歷史性的典雅建築，包括政府的行政機關或是皇宮古堡。尤其驅車登上布達宮殿古堡，在中世

▲聖坦德藝術村隨處可見街頭畫家為遊客素描、漫畫

▲布達佩斯的英雄廣場有圓柱及騎馬雕像

紀建築的城堡中漫步，有穿越時空的感覺；高處遠眺多瑙河兩岸，感受美麗景色。

在布達佩斯歌劇院，觀賞交響樂團演出普契尼的作品《托斯卡》。

在布達佩斯近郊的聖坦德藝術村，是一座最美的歷史古鎮；隨處可見街頭畫家為遊客作畫，許多小商店販售獨特的藝術飾品和衣物。

這個藝術村的每個角落都很美，禁不住想一一獵入鏡頭！速寫了幾張，其中一張有尖頂建築的畫圖，是貝爾格勒東正教堂。

▲聖坦德藝術村，位於堤防邊的角落一景

▲由布達宮殿古堡遠眺景緻優美的多瑙河兩岸

　　這個親近河水的小鎮，除了銷售器物與藝品的小商家，還有一座獨特的陶藝博物館，是一位名叫柯柏契 · 瑪爾吉特女士曾經居住及工作的陶藝家，現在是展示她作品的個人美術館。

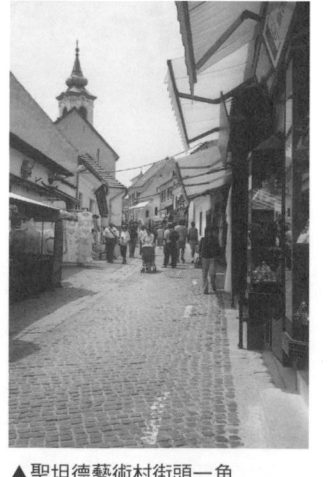
▲聖坦德藝術村街頭一角

　　這位女藝術家生於 1902 年，在她年輕時候曾赴製陶工廠見習，也研修雕刻；她對於美術及提升現代實用藝術的水準，有很大的貢獻。她使用紅褐色的陶土製作陶品、小雕刻物以及浮雕，摸索羅馬尼亞式的雕刻式樣及民俗風。

　　她曾經受到中世紀拜占庭式藝術及波斯彩飾的影響，用宗教壁畫的樣式展現創作，特別是在裝飾方法上，取材《聖經》中倫理、民俗相關精神，融合創新，成為她個人裝飾美術的獨特新風格。

　　她的作品也表現了希臘神話、古老傳說，以及從民間故事中不斷發掘出創作的新元素，許多作品融入愛與美的關懷，傳達出對於生命的感動與珍惜。

她於 1977 年逝世，曾經獲得法國巴黎獎章、匈牙利藝術特別獎、布魯塞爾世界展示大獎、匈牙利傑出藝術家獎等，都是對她最大的鼓勵與肯定。

▲隨行團員阿宏即興演奏小提琴身影

英國童話的故鄉

▲旅行少不了的行李速寫

英國最著名神祕的史前巨石群，每年都有百萬人從世界各地慕名來參觀。人類史前文化蹤跡，基本上已消失許多；但是，西元前 3000 ~ 1600 年間逐漸發展成型的巨石陣難得倖存。每年夏至，太陽會從中間那顆石頭升起，照射整個祭壇，據推斷這些巨石的排列，是用來觀測天象，確實用途迄今仍是個謎。

接著前往位於英格蘭中部的科茲窩地區，它可說是英格蘭田園風光的代表。沿途可見蜂蜜色石材建成的傳統建築，構成一座座迷人的鄉間小鎮，點綴在一片翠綠的山丘中。

▲英國行簡圖

▲石陣與仲夏旭日和冬至落日會連成一線　　　　　　　▲薩德雷城堡內的聖馬可教堂

　　薩德雷城堡花園為 15 世紀都鐸式的建築，是亨利八世國

王第六任妻子凱薩琳的居所。繁花似錦的園藝花卉及教堂、建

築，可見皇室的生活情景。

▲位於康文翠，原本是一座修道院，現改裝為旅館提供住宿；難得夜宿在這種保有嚴謹肅穆、
　充滿宗教色彩的屋宇中食宿，體會寧靜、深沉的氛圍。

　　位於亞芳河畔的史特拉福英國偉大的劇作家莎士比亞在
1564 年出生於此，並在此地度過童年。當地呈現圓形狀的劇院
亦是遊客必訪的景點。

▲速寫莎士比亞故居外觀

▲莎士比亞另外一個居所的外觀與庭園

▲圓形劇場的外觀，外圍有河流與小船

　　位於威爾斯北方，原為羅馬要塞的契斯特，至今仍有完整的城牆環繞。超過百年的都鐸式鑲木建築獨具一格，黑白色相間的木質建築及有拱廊之購物商店，連接更加古老的史蹟建築，感受年代交錯的獨特景緻。

▲在契斯特，可見色彩斑駁的古建築，其造型對稱而嚴謹

▲利物浦的 SUITES 旅店，以陶甕搭配植物與立體雕塑布置門庭，別有一番風味。

▲前往彼得兔的故事館，沿途有
海報和圖畫引導

溫德米爾（Windermere）湖區風景如詩如畫，沿途山坡起伏、綠草如茵，身歷其境體驗英格蘭的湖光山色。湖區也是著名的繪本畫家畢翠斯波特在此（Beatrix Potter）創作「彼得兔」。

2007 年 6 月，我在臺北的電影院看過她的傳記影片《波特小姐》；如今，親訪此地更加的感動。

這兒有「畢翠斯波特的世界」紀念館，館內集合了「彼得兔的故事」繪本中所有的角色，除了照片和年表，還布置成迷你型的立體場景與各種角色的造型，非常可愛。讓大小讀者與觀眾，進入繪本中溫馨又有趣的世界。

　　英國的第二大觀光城市愛丁堡，創作《哈利波特》的 J.K. 羅琳，就是在此地的咖啡廳裡，創作出轟動全球的文本及改編的電影。

　　矗立於嶙峋花崗岩上的愛丁堡城堡居高臨下，是個易守難攻的地形；城堡內除了古老的禮拜堂和建築物，還有許多如1540 年設計的蘇格蘭皇冠、權杖、寶劍等貴重的文物。每年八月的軍樂隊遊行非常熱鬧，也都會在此處舉行。城堡之外的愛丁堡市街，也能感受傳統與現代的融合情趣。

　　聖路德皇宮是英國皇室成員不定時會來居住的地方，皇宮外圍保存了古老教堂的廢墟牆柱，見證了歲月及歷史的痕跡。

▲居高臨下的愛丁堡一景

◀愛丁堡入口

▲古老的建築和色彩鮮明的油漆門，構成傳統與現代的情趣

▲聖路德皇宮外圍的古老教堂廢墟一景

▲約克火車站旁有一座世界最大的鐵路博物館，這兒收藏有古老的蒸汽火車到最新的子彈列車。

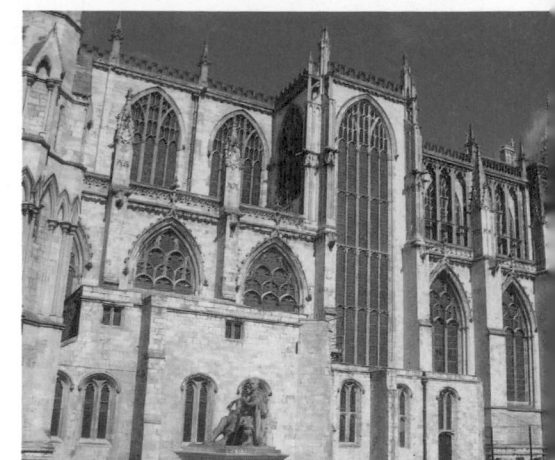

▲約克大教堂一景

▲約克的石板街道呈現獨特的中世紀風情

▲撐篙遊劍河速寫

約克是擁有中古世紀聖喬治王時代的歷史城市，約克大教堂融合了諾曼、薩克遜與英格蘭三種風格，保存完整的中古街道建築，展現懷舊古樸的面貌。

英國歷史最悠久，聞名全世界的劍橋大學城，於詩意的劍河搭上撐篙遊船，感受昔日文人徐志摩筆下的情境，蕩漾在各學院間不同的橋面通道之間，每個鏡頭與角度真是充滿暇意之美。遊過劍河，漫步各擁風格的學院，

▲從「倫敦眼」高處鳥瞰遊輪與國會大廈、大鵬鐘

感受中世紀晚期英國建築物底下，追求學問與真理的精神。

倫敦的地標「倫敦眼」是 135 公尺高的巨型摩天輪，共有

32 個造型前衛的透明玻璃包廂，每
個包廂可搭乘 15 個人左右，內部可
坐、可站。遊客可以 360 度從高處
俯瞰倫敦市區景觀，完全不同的視野
果真留下與眾不同的回憶。

▲在泰晤士河畔遠眺「倫敦眼」

▲速寫白金漢宮皇家衛兵交班儀式；遊客們在一陣軍樂隊的鼓樂聲中爭相拍照

　　遠眺國會大廈與大鵬（大笨）鐘，還有倫敦塔橋，可見橋的兩端仿哥德式的高塔，遠望有如兩座天主教堂矗立在泰晤士河上，極為雄偉壯闊。位於大鵬鐘旁的西敏寺大教堂，是 13 世紀以來舉行加冕典禮及皇室婚禮的地方。

▲遊客參訪古老的西敏寺大教堂

瑞典多彩地下鐵

▲遠眺位於國王島上的市政廳

▲市政廳面對海港，九成國民信奉基督教路德宗　　　▲ 800 萬塊紅磚築成的市政廳

北極

格陵蘭

麥魯薩克

格陵蘭海

冰島

雷克雅未克

德朗索

阿爾塔

北角

漢寧根

卡拉斯約克

莎莉賽爾卡

路寮托

羅凡涅米

挪威

瑞典

芬蘭

赫爾辛基

大西洋

卑爾根

韋斯陸

奧斯陸

斯德哥爾摩

丹麥

哥本哈根

▲北歐五國簡圖

　　聞名遐邇的

斯德哥爾摩市政廳，

位於國王島上，是

由 800 萬塊紅磚砌成的地標性

建築物，看起來厚實、穩重、典雅；

因為面對港灣，視覺開闊、怡人；室內的大

堂於每年 12 月 10 日頒發諾貝爾獎之後，作為晚宴的場所。

▲不同年代興建的地鐵路線，分別以綠、紅、藍來區別

斯德哥爾摩的地鐵系統有三條主要的路線，分別為 1950 年代（綠色）、1960 年代（紅色）、1970 年代（藍色）規劃，以色彩標示。這 108 公里長的地鐵被計設成一條藝廊，每一個小站都是精心設計的藝術品。

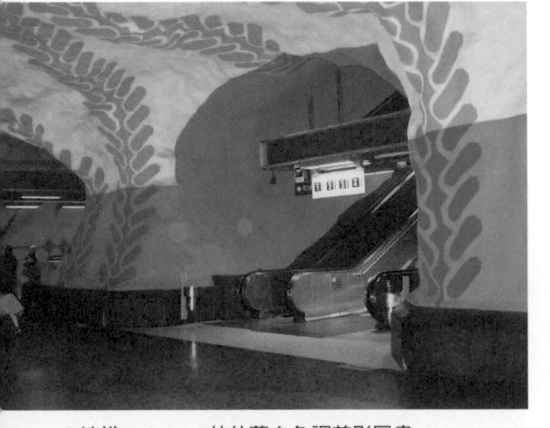

▲地鐵 T-Central 站的藍白色調剪影圖畫

其中，最美的是 T-Central 站，月臺和鐵道都從自然的岩石中鑿開，在藍白色的牆壁上畫滿藍色的巨型樹葉，加上特殊的照明效果，令人恍若置身在原始的洞穴之中。因此，在白天行車經過

▲色調沉穩的斯德哥爾摩街道，東部群島享有「北方威尼斯」的美譽

音樂廳、騎士島、利達霍爾姆教堂及歌劇廳等著名建築物之後，都會安排一趟「地下鐵之旅」。

　　有「北歐凡爾賽宮」之稱的「德羅汀罕皇宮」，位於梅拉倫湖畔的皇后島上。這座瑞典王室的私人宮殿在 1661 年被燒毀後，曾大幅改建；呈現出瑞典的民族風格與巴洛克型式的風華。皇宮前的花園及出自荷蘭文藝復興大師的銅像，都值得欣賞。這座皇宮於 1991 年被列為世界遺產名錄，也是瑞典首度入選的地方。

在動物園島上，有一座獨特的海事博物館，主要用於展示一艘從海底打撈起來的古老戰艦「瓦薩號」。

1961年4月，沉沒海底333年的瓦薩號戰艦重見天日後，經防腐處理及修復，船上2萬多件文物得到保護，於1987年在原海軍基地建造「瓦薩沉船博物館」，在1991年6月15日正式開館迄今。

VASA
瓦薩號/原顏/
Liou 宋韵 手繪

▲皇宮法式幾何花園的赫丘力士銅像，是從丹麥腓特烈城堡得來

芬蘭見耶誕馴鹿

芬蘭曾在 1952 年主辦赫爾辛基奧林匹克運動會，當地的烏本斯基教堂是北歐最大的東正教堂，金色洋蔥式的屋頂洋溢著濃厚的俄羅斯風味。

　　瑞典城堡原名為斯韋堡在 1917 年芬蘭獨立後重新命名為「芬蘭堡」。這是在 1747 年於六個海島上建造的巨型城堡，是當年瑞典皇朝防禦俄羅斯，保護海港的工事，在 1991 年已列入世界遺產名錄，乘坐渡輪往返碼頭與芬蘭堡，可見識數一數二的大型海上軍事要塞。

　　在斯德哥爾摩的碼頭，搭乘波羅的海的絲莉亞（SILJA）號豪華遊輪，前往芬蘭首都赫爾辛基。上船時，有攝影師親切而隨意的為遊客拍照。下船前會分別洗出兩組照片；一組是素照，另一組是經過編輯加上各字體，像是雜誌的封面照，遊客可以自由選擇是否購買。

▲斯德哥爾摩碼頭有各式各樣的豪華遊輪

▲渡輪航行芬蘭灣時，可見岸邊置放舊式的小型潛艇

▲進入北極圈證書的個人證書

▲乘坐赫爾辛基往返碼頭與芬蘭堡之間渡輪上的速寫

▲羅凡涅米的聖誕老人村速寫

　　從赫爾辛基搭機飛到羅凡涅米（聖誕老人的故鄉），這裡是芬蘭北部政治、經濟、文化與旅遊的中心。在聖誕老人村，可見地上北緯 66.33 度的極地圈線，遊客可以在此領取進入北極圈的證書作紀念，心想：要真正進入極地受風寒考驗，真的還很遠吧？

▲ 聖誕老人村可見地上的極地圈線

赴北角途中／2015.9.23 車行芬蘭 錫莉賽卡，一伊納利三湖區 → 挪威「卡拉斯約店」一讚寧

▲短暫的停車休息時間，面對伊納利湖區，迅速完成一幅寫生作品

　　在伊納利湖區，沿途可見野生的馴鹿及大小湖泊，體會芬蘭「千湖之國」的美稱。

　　北極圈以北，從挪威、瑞典、芬蘭北部延伸到俄羅斯西北角的地方，統稱為拉普蘭（Lapland）地區，是個多重意義的地理名詞；算是一個跨國的地理區域，指的是薩米（Sami）人居住的區域。

　　這個區域，有四分之三是在北極圈內；有半年是在永晝中，有半年是在永夜中。因為獨特的極地風光和土著民族的風情，成為旅遊勝地。在 1996 年，拉普蘭在歐洲成為一塊原始的保留區，因而列入世界遺產名錄。

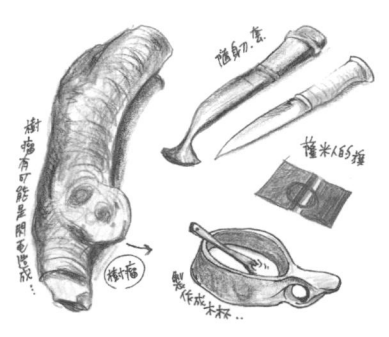

▲大型的薩米人木製住宅速寫

▲在木屋住宅內素描薩米人的生活器具

▲傳統薩米人的女性服飾

▲傳統薩米人的男性服飾

▲看到馴鹿就會聯想聖誕節和聖誕老人

　　馴鹿是拉普人（又稱為薩米人）重要的家畜，他們維持著遊牧生活。芬蘭的富足繁榮都是拜林木和水之賜，所以湖泊叫「芬蘭的藍眼睛」，樹木叫「綠色金礦」。薩米人的生活器具、屋宇、交通工具，都是利用木頭製作而成。

　　在薩米園區除了可看見薩米人製作的工藝品及紀念商店，還有影片介紹他們的歷史與文化。

挪威看北角峽灣

▲午夜太陽在北極海上方　　　　　　　　　　　　　　　　▲目睹午夜太陽奇景的北角證書

　　由卡拉斯約克往漢寧史瓦，到北極中突出的花崗岩海角，途中穿越在水面下 212 公尺深，6870 公尺長的海底隧道，抵達歐洲最北端，北緯 71°10'21" 的「北角」。

　　遊客通常在地球儀地標旁瞭望蒼茫的北極海，見識海面上不落日（日出的太陽）。在北角大廳遊客可獲得一張「北角證書」，是目睹「午夜太陽」的紀念品。

　　凍原帶及峽灣的小鎮阿爾塔（Alta）有一座在 1985 年被列入世界遺產名錄的「阿爾塔北極圈拉普蘭博物館」，於 1991 年 6 月開幕，陳列內容以發現的岩畫文化相關攝影資料檔案、薩米文化、極光現象和二戰等事件為特色。

▲從芬蘭莎莉賽爾卡車行北角及阿爾塔簡圖

拉普蘭博物館其戶外有北歐最大石器時代的史前岩石壁畫，計有 45 處，分布在 5000 公尺長的臨海斜坡上；首次發現石刻是在 1973 年秋天，刻畫了馴鹿、麋鹿、熊、狗、狼、狐狸、野兔、鵝、鴨、大比目魚、鮭魚和鯨魚，還有人、船、狩獵和捕魚的情景，內容非常豐富。

挪威航空機上的尾翼，讓我大感驚豔，原來每架飛機尾翼的兩側，都分別有挪威、丹麥、瑞典與芬蘭等國家的名人肖像。這些名人，是藝術家、繪畫家、設計、作曲、作家、哲學家、傳道者、牧師、飛航、拓荒者、女演員、花式溜冰者、天文學家、演員、氣象學家、自然科學家或二戰期間的地下抗暴英雄……可見這個國家對世人有所貢獻的北歐名人都當英雄看待。

▲阿爾塔海邊的史前岩石雕刻

　　奧斯陸是歐洲著名的古城，始建於 1050 年，從 1814 年成為首都。

　　在比格迪半島有一座維京博物館，展示古老的海盜船。

　　由挪威著名雕塑家古斯塔夫・維吉蘭為名的公園，是當今世界上最大的雕塑公園；代表作品「人生柱」高 17 公尺，交疊出 121 個情態不同、首尾相接、向上盤旋的人體浮雕。

▲維吉蘭雕塑公園可見 17 公尺高的「人生柱」

▲建於 1950 年的市政廳內有挑高的建築壁畫，諾貝爾和平獎在此舉行

　　奧斯陸市政廳是一座古代與現代建築風格巧妙結合的大型建築，每年的 12 月 10 日在此舉行諾貝爾和平獎頒獎典禮。

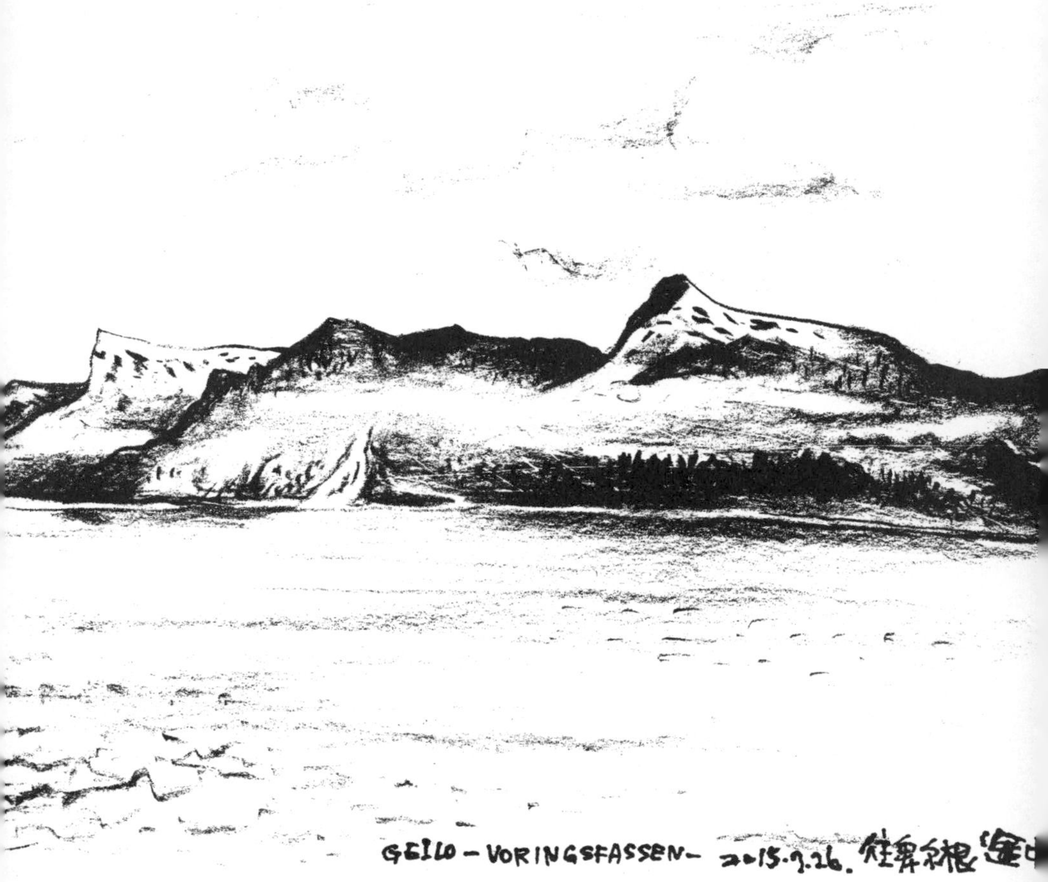

GEILO - VORINGSFASSEN- 2015.9.26. 往卑爾根途中

▲蓋羅往沃林斯瀑布（挪威最大的瀑布），沿途見哈丹格高原美景

▲布呂根的木造房舍是北極木建築的典型代表

卑爾根有「峽灣之都」的稱號，位於松恩與哈丹格峽灣之間；在港口東側的布呂根建築，在 1979 年列入世界遺產。

▲番托夫木製教堂復原後的外觀

▲冰原積雪

　　登山電纜車上320公尺高的佛洛揚山，可以俯瞰卑爾根市，視野寬闊。在市區漫步，可見特別的木雕、飾品及歷史久遠的木造建築。

　　當地有一座800多年歷史的番托夫木製教堂，在1992年完全燒毀後，於1997年恢復原來的樣貌。

　　從卑爾根經佛斯至米爾達，行經高原地帶，可見積雪綿延，對居住亞熱帶區域的旅人來說，覺得稀奇和震撼。

　　卑爾根鐵道火車穿越挪威屋脊山地高原，抵達標高866公尺的米爾達，轉搭全世界最陡峭的「弗拉姆高山火車」，這段20公里長的行程有山坡和急轉彎的驚險刺激，沿途有遼闊壯麗的景色，也有河流穿越峽谷，能欣賞瀑布、白雪山頭和鑲嵌在陡峭山坡上的農場。

　　2005 年列入世界遺產名錄的那羅依峽灣——松恩峽灣的支線，松恩峽灣全長 205 公里，寬約 5 公里，最深處有 1350 公尺；支線那羅依峽灣長 17 公里，沿途可見懸崖、飛瀑及山頭白雪。

▲松恩峽灣支線的那羅依峽灣速寫

▲布里克斯達冰河全長 212 公里，為歐陸最大的冰河

　　在松恩峽灣的烏瑞德乳酪工廠，是全挪威最著名的棕色乳酪產地，能認識北歐獨有的飲食文化。

　　從松恩峽灣抵達冰河區外圍後，體驗冰河之旅遊客需分批換乘開放式的四輪傳動電動觀光車，往布里克斯達冰河前進，距離冰河口之前，遊客必須下車自行徒步 10 分鐘，才真正見識到一大片雪白閃亮的冰河，從山谷間奔騰而出，卻瞬間停頓在山壁上的奇景。

▲在老鷹公路的山頂上鳥瞰全長 16 公里的蓋朗格峽灣

▲前往蓋朗格峽灣途中速寫高山積雪溶化後的激流　　▲蓋朗格峽灣速寫

2005 年入選世界遺產名錄的蓋朗格峽灣，兩岸懸崖飛瀑、奇峰怪石，還有雪峰、冰川，景色獨特。

從蓋朗格的湖面往 63 號公路的山頂最高處是 620 米，在很短的一面山坡用 11 個「Z」字型連結，可以鳥瞰宏偉的峽灣景色，這就是有名的「老鷹公路」。

以挪威森林傳說中的「樹精靈」來命名的「樹精靈公路」，意為「旋轉的梯子」，因其鬼斧神工的氣勢，只有精靈才可能完成，舉世難見，沿途山水風光更是令人難忘。

▲當地流傳的習俗，以石頭堆疊來和精靈做交流互動　　▲傳說中的樹精靈造型之一

2015.9.28.
Geiranger Hotel

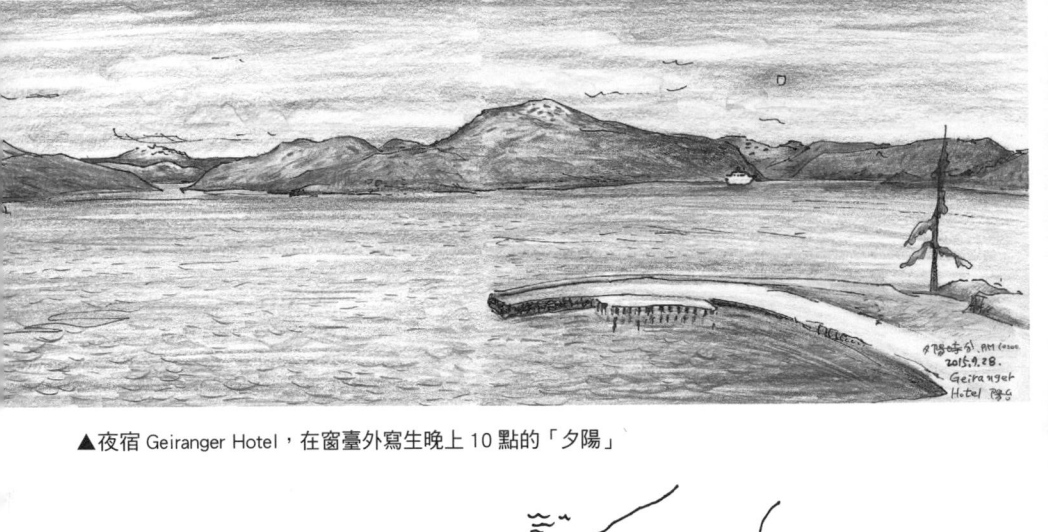

▲夜宿 Geiranger Hotel，在窗臺外寫生晚上 10 點的「夕陽」

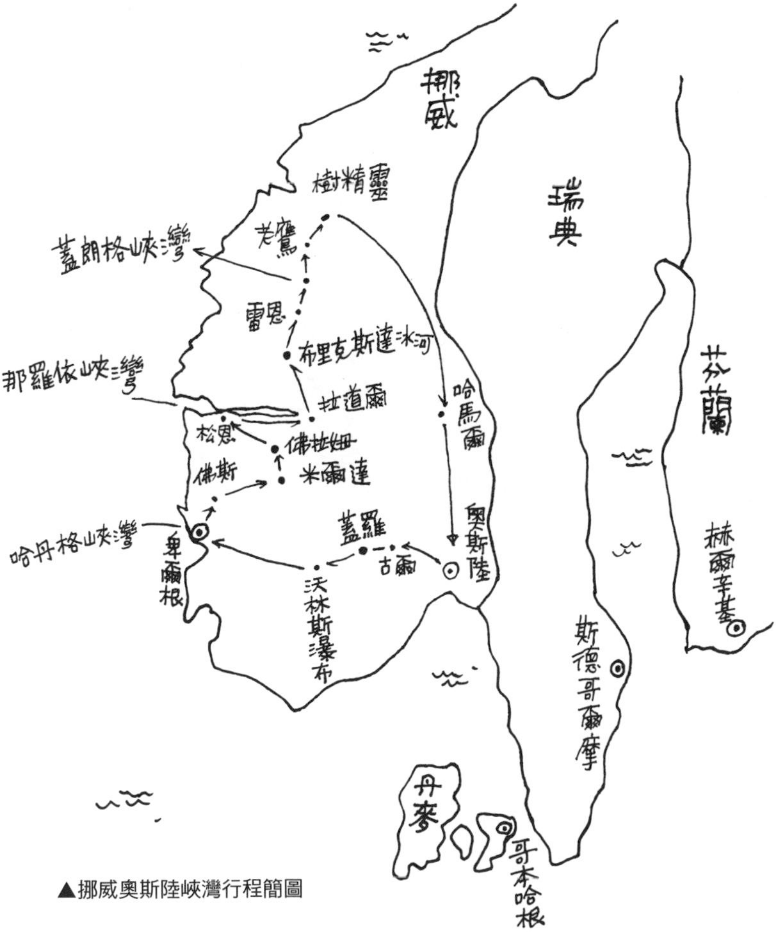

挪威
瑞典
芬蘭
樹精靈
老鷹
蓋朗格峽灣
雷恩
布里克斯達冰河
那羅依峽灣
拉道爾
哈馬爾
松恩
佛拉姆
佛斯
米爾達
蓋羅
哈丹格峽灣
卑爾根
古爾
奧斯陸
沃林斯瀑布
赫爾辛基
斯德哥爾摩
丹麥
哥本哈根

▲挪威奧斯陸峽灣行程簡圖

冰島藍湖和瀑布

冰島

▲冰島簡圖

黃金暴布

雷克雅維克

天闌歡喧泉

國家公園

藍湖

▶冰島土地為火山岩石，溫泉
地熱豐富，又稱「冰火之國」

　　藍湖位於冰島西南海岸的格林達維克（Grindavík），距離
首都雷克雅維克約 40 公里。藍湖（Blue Lagoon）是全世界最
著名的露天地熱溫泉，以碧藍的溫泉水和神奇功效的溫泉泥為
一大特點，是人們到此最主要的目的，可以說是冰島最不可錯
過的景點。

▲利用地熱發電後的露天溫泉「藍湖」

▲大約在 6500 年前火山爆發後形成的火山口湖

從雷克雅維克以東，一條呈橢圓形的旅遊路線。景點有：火山口湖、黃金瀑布、大間歇噴泉、平格弗里國會舊址等地方。遊客可以走下火山口，環湖走一圈，並欣賞附近夏季盛開的野花。

▲黃金瀑布位於蓋錫爾間歇泉北面 10 公里

赫維塔河匯集冰島中部高原融化的冰河雪水，流經寬約百公尺、深 70 公尺的峽谷，傾瀉而下的瀑布在兩段落差的岩石上，瀰漫的水珠在陽光照射下，像是「黃金

瀑布」的彩虹，景色
瑰麗，令人難忘。

大間歇噴泉
（Geysir）每次噴發持
續 1～2 分鐘，水柱
變蒸氣直衝空中 30 公
尺，感覺像在美國的黃
石公園，十分壯觀。

距首都東方約 40
公里的辛格維里山丘

▲大間歇噴泉周而復始的將沸騰的水噴出

上，在西元 930 年 6 月間，由島上各部落推選出 39 位酋長，
在此處露天議會，共商大事並制定法律，成為世上最古老的議
會政治。此後每年的 6、7 月間就在此地召開兩週的會議，持
續到 1271 年才改變。但是議會迄 1798 年止也是在此設置，尤
其在 1944 年宣布脫離丹麥統治，成立「冰島共和國」時，同
樣是在此地舉行盛大的集會。這片議會舊址，也就成為冰島具
歷史意義的地方。

在遺址背後，是古時候北美洲與歐亞板塊因為地震而形成的大斷層；有長達 7 公里因地震隆起，而高低差數 10 公尺的峭壁與走道。

▲辛格維里的山丘，在遠古地震形成大斷層，是在北美洲與歐亞板塊的交界處

▲漫步雷克雅維克市區，感覺寧靜優閒

哈格陵姆教堂——是紀念哈格陵姆所建造的教堂，他是在冰島最受崇敬的詩人及聖歌作家；這座白色教堂在 1940 年動工，1974 年落成。優雅的「峰樓」最初是法國的領事館，在 1986 年 10 月，成為「美蘇高峰會」的場所之後，也成為旅遊景點了。

▲哈格陵姆教堂內部高聳，可見管風琴；經常舉行各種音樂會

首都市區從 1907 年開始利用地熱供應熱水與暖氣，位於山丘頂上有座圓頂玻璃帷幕的能源供應站，又被稱為「珍珠樓」，在上面可環視整個城市、機場與海景。

▲冰島最高大的哈格陵姆教堂就在市中心

▲海岸邊的這棟峰樓，曾經是美俄領袖舉行高峰會的場所

▲從「珍珠樓」可眺望起降的飛機

格陵蘭冰海航行

從格陵蘭的庫魯蘇克搭乘小船，展開觀賞冰山、冰海的航行；對於生活在亞熱帶的遊客來說，是永生難忘的回憶。

搭乘極地吉普車，前往庫魯蘇克峽灣的最高點，是當年（1958）美蘇冷戰時期的軍事戰略據點，布建的軍事雷達用以掌控北大西洋情資及氣象觀測之用，現在已經失去利用的價值了。

走訪愛斯基摩人的小漁村，總是有成群的小細蚊在身邊干擾，在高低起伏的硬土上行走，可見野花小草在石塊旁釋放夏日的喜悅。偶見他們代步的四輪越野機車，也很有意思。

除了難得一見的機車，可見不少簡易的木製雪橇和愛斯基摩狗，還有不同大小捕魚用的船隻。

▲從庫魯蘇克峽灣最高點遠望大西洋的浮冰

▲穿梭在極地的山水之間，見識大自然的震撼與感動

▲凍原極地的生與死，呈現人生的常態

▲適合凍原極地行駛的四輪越野機車

▲簡易的雪橇和耶誕卡上華麗的造型差很大

▲在旅館周遭簡筆速寫冰山與冰海

▲在彎曲起伏的硬土道路上，走訪愛斯基摩人小漁村

▲漁村保留不受現代文明影響的傳統漁獵生活。

▲極地的冰山看來黑白分明，感覺灰暗沉穩

丹麥問候安徒生

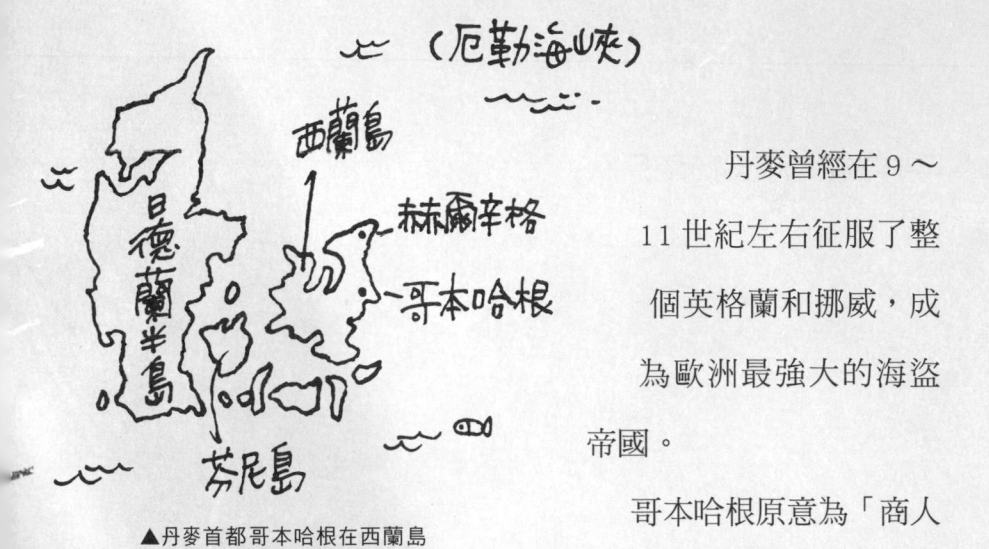

（厄勒海峽）

西蘭島

赫爾辛格

哥本哈根

日德蘭半島

芬尼島

▲丹麥首都哥本哈根在西蘭島
東部，與瑞典隔著厄勒海峽

丹麥曾經在 9～11 世紀左右征服了整個英格蘭和挪威，成為歐洲最強大的海盜帝國。

哥本哈根原意為「商人的港口」，最初是個漁村，在 1443 年定為首都，主要的宗教是基督教的路德教派。

菲特烈城堡的建築群落，是在四面環湖的三個小島上。自 1878 年以來，丹麥國家歷史博物館就設置在城堡內，皇室的婚禮也都在此地舉行。

克倫波古堡意思是「皇冠之宮」，位於丹麥西蘭島的北端，靠近赫爾辛格與瑞典隔海相望，位於波羅的海出港的厄勒海峽最窄的出口處；所以，此地又有「北海之喉」的稱號。

▲菲特烈城堡展現北歐現存顯赫的文
藝復興風格的建築

▲克倫波古堡又稱哈姆雷特城堡

▲雕像的造型和表情呈現戲劇的張力

克倫波古堡的宮殿是用岩石砌成，褐色的銅屋頂氣勢雄偉壯觀，在 2000 年被列入世界遺產名錄，是北歐文藝復興時期建築風格的宮殿（莎士比亞戲劇《哈姆雷特》的故事背景所描述就是這一座城堡）。隔岸的一座古典建築與門外的雕像，敘述著《羅密歐與茱麗葉》的文學故事。

▲中央政府辦公處的衛兵交接

　　丹麥中央政府辦公處就在克利斯蒂安六世王宮，廣場寬敞
典雅，遊客們都爭相和戴著高頂毛帽的衛兵們拍照留念。

　　童話作家安徒生出生在丹麥的歐登賽，他於 1819 年來到
哥本哈根發展；在新港
區的港邊運河有一棟棟
色彩繽紛的古建築，其
中門號為 18、20、67
的房子，是他曾經駐留
創作童話的地方。

▲門牌 20 的房子，曾是
安徒生居住的地方

▲在新港區運河旁，門
牌 67 的房子，是安
徒生的舊居所

　　高大的安徒生銅像，矗立在
市政廳前的廣場旁邊。他坐在椅
子上，左手持杖，右手拿著書，
側著臉往左上方，凝望馬路對面
的「提佛利遊樂場」。

　　這個歐洲最著名的遊樂園兼
休閒的公園在 1843 年 8 月啟用，
有中國劇場、原木打造的雲霄飛
車、自由落體、旋轉塔和水族館，
每周安排兩次的煙火秀表演。

▲安徒生塑像凝望有 170 年歷史的「提佛利遊樂場」

▲美人魚塑像高 1.25 公尺，每年
　的 8 月 23 日，人們會在此舉辦
　生日的慶祝會

▲人們在富童話色彩的新港運河旁漫步、用餐、喝咖啡

　　位於朗厄裡尼海濱公園附近的海灘上，有一件美人魚的青銅塑像，是丹麥哥本哈根著名的景點。這是嘉士佰啤酒創辦人的兒子，在 1912 年委託雕塑家根據安徒生的童話塑造的。1913 年 8 月 23 日正式公開後，已經歷百年的時光。

[跋]

旅行花絮

◎陳芳美

　　一般人出門旅行，一件件衣服，一堆堆日用品，箱子滿了，提著怕超重的行李，奔向機場。

　　宗銘和我的出門，卻是一枝枝的畫筆，一盒盒的顏料，一本本的畫紙，提著實現夢想的背包去探索。於是，我們的旅行充滿「花絮」。

　　有一年到印度，走進了一家賣文物的商店；店員開口就說：你的口袋，為什麼插著這麼多枝筆？宗銘說：我畫畫用的。店員指著自己，興奮地喊著：畫我，畫我；再轉頭對我說：要什麼自己選，東西全打折給你。於是宗銘畫了老闆。我意外得到老闆送的印度披肩絲巾和腰帶等。

　　在尼泊爾的一天早餐時，宗銘拿筆畫了兩個雞蛋和兩杯牛奶，交給服務生。餐拿來──是兩個小麵包，和兩杯果汁。宗銘說：NO，再拿筆畫了母雞生下兩個蛋，一頭母牛滴了兩杯奶。服務生如獲至寶，飛奔到廚房。廚師出來，說：再畫給我，要吃什麼呢？宗銘畫了香蕉和蘋果，廚子高興的去準備，馬上又來了一個人說：再畫，我們贈送食物給你！宗銘說：不，我們要去畫風景了……

　　到埃及那一次，金字塔、人面獅身的圖像，到處都有小販兜售，但很多旅人及小販都圍在旁邊看著宗銘作畫，並問：你賣畫嗎？我們當然是搖頭嘍。

　　為了寫生作畫，宗銘總是第一個下車，最後一位上車；全團的人便問：畫了幾幅呀？快 show 一下……連導遊也看了忘記服務他人的工作，真有趣。

　　有一年到非洲史瓦濟蘭，一群群的兒童，不同型狀的捲髮，亮月的眸子，好迷人。宗銘便把孩子當模特兒畫了起來，完畫後，小朋友說：臺灣是我們的好朋友，你可以給我們糖果嗎？我們有帶糖，但給了他們餅乾，因為他們的牙齒好潔白呀，不能用糖汙染它！這是唯一不要「畫」，要「食物」的國家。

　　在北歐多國搭郵輪，坐在舺板上作畫，旅客大都拿大炮（單眼相機）忙攝影峽灣及冰河雪景，無人打擾。宗銘說：以後旅行以搭遊輪為首選了，因為能不受打擾地安靜畫畫。

　　旅行作畫，是宗銘夢想的「樂透彩」。我從不買彩券，但卻默默祈禱：願我們中「樂透彩」──可以旅行作畫去。第一次出國是1980 年到義大利，盼還有長長的晚年，常常出門到訪國內外「如畫的風景」，畫下它們的容顏，記錄著我們長串的夢想。

國家圖書館出版品預行編目資料

旅行拼圖／劉宗銘作. － 初版 . --臺北市：幼
　　獅，2017.07
　　　　面；　公分. --（散文館；29）
　　ISBN 978-986-449-080-6（平裝）

　　1.旅遊2.世界地理

719　　　　　　　　　　　　　106006988

・散文館029・

旅行拼圖

作　　　者＝劉宗銘
出 版 者＝幼獅文化事業股份有限公司
發 行 人＝李鍾桂
總 經 理＝王華金
總 編 輯＝劉淑華
副總編輯＝林碧琪
主　　編＝林泊瑜
編　　輯＝周雅娣
美術編輯＝李祥銘
總 公 司＝10045臺北市重慶南路1段66-1號3樓
電　　話＝(02)2311-2832
傳　　真＝(02)2311-5368
郵政劃撥＝00033368

印　　刷＝錦龍印刷實業股份有限公司
定　　價＝250元
港　　幣＝83元
初　　版＝2017.07
書　　號＝986278

幼獅樂讀網
http://www.youth.com.tw
e-mail:customer@youth.com.tw
幼獅購物網
http://shopping.youth.com.tw

行政院新聞局核准登記證局版臺業字第0143號
有著作權・侵害必究(若有缺頁或破損，請寄回更換)
欲利用本書內容者，請洽幼獅公司圖書組(02)2314-6001#236